COSMIC
GARDEN
VISION INFINITY

The Portal to Cosmic Consciousness

BEYOND PAST LIVES

What Parallel Realities Can Teach Us about Relationships, Healing and Transformation

# 超越線性時空的回溯療法

## 平行實相的啟示與療癒

MIRA KELLEY 米拉・凱利 著

駱香潔 譯

# 園丁的話

本書作者師承布萊恩．魏斯和朵洛莉絲．侃南。書中個案在催眠中連結高我所獲的資料和指引，就是使用朵洛莉絲所創的量子療癒催眠法的技巧。

一般的前世回溯催眠和量子療癒催眠法的不同，在於後者能直接使個案與個案的高我連結，高我以全觀的角度提供個案想尋找的問題解答、人生建議和身體病痛的療癒。

朵洛莉絲是量子療癒催眠法的創始者，也是《監護人》、《生死之間》、《地球守護者》、《三波志願者與新地球》、《迴旋宇宙》系列的作者。這位令人尊敬的長者，從40多年的回溯催眠經驗中，取得許多外星人和奧秘宇宙的寶貴資料，並客觀忠實地傳遞訊息。本書作者米拉也透過所催眠的個案一窺平行人生的奧妙，並見證了「信念」的重要。

「時間並不存在」，或是「過去、現在、未來同時存在」的概念，確實會讓此時以三次元的生活為焦點的人類心智感到困惑。但這本討論平行實相和超靈概念的書並不是要困惑你，讓你腦袋打結，而是要協助你認識生命的本質並帶給你力量：不論過去的你受了多少傷，遭遇多少挫折，只要能釋放「時間」概念的制約，就能透過轉變信念而改變即將體驗的「未來」，並有效療癒「過去」的失敗與傷痛。因為在「沒有時間」的概念裡，最重要的，永遠是我們此刻，每一個當下的選擇。

每一次當我們選擇理解，選擇真實，選擇寬厚，選擇良善，我們便是向真正的自己，我們的真實身份更靠近了一些。

不論在目前看來多複雜、多深奧難解的現象，只要記得，回到最初與最終，這一切都是源頭多面向的創造與體驗。

是的，萬事萬物原為一體，因為我們都來自同樣的源頭。

最後，借用宇宙花園許久前出版的一本小書裡的話：

「在任何時候都要記得，你，並不孤單。

要知道，當你流淚的時候，
這世上許多不同的角落，也有人正傷心的掉著淚。
人類的苦痛是共通的，我們的心靈是相繫的。
當你轉變心念，選擇用愛接受自己，寬容別人時，
你不單幫助自己走出陰影，
你也幫助了許多原本哀傷的心靈，
在那剎間感受到光和希望。
在集體意識的海洋裡，我們微妙的彼此相繫相互影響著，
因為我們來自同一個源頭…來自同樣的光…」

# CONTENTS

# CONTENTS

這本書獻給我的母親莉莉雅娜·帕斯李瓦

你對我無私的愛與支持
恰恰反映了源頭對我們每一個人無條件的愛和支持
謝謝你！我愛你！

# 前言

幾年前我寫了一本書，書名是《成功與內在平靜的十個秘訣》（*10 Secrets for Success and Inner Peace*）。這本書的主旨是「保持心胸開放，放下執念」，這個觀念對我個人的人生影響之鉅難以言喻。我一直相信心胸開放能創造成爲典範的奇蹟。宇宙的善力主動提供協助，神聖的同時性（synchronicity）「挪動一塊塊拼圖」，讓自我明白誰才是眞正的主宰。

妻子跟我也教導孩子心胸開放，並且鼓勵他們討論任何與此有關的主題，包括輪迴轉世與前世記憶。儘管如此，雖然我看過好友布萊恩・魏斯（Brian Weiss）的作品《前世今生：16堂生死啓蒙課》（*Many Lives, Many Masters*），也曾跟他在世界各地同台演講，但是我自己幾乎不曾親身體驗過前世回溯。直到我認識了米拉・凱利（Mira Kelley）。

米拉曾與魏斯醫師合作，幾年前她主動跟我聯絡，邀請我接受前世回溯療程。她說直覺告訴她，這療程對我一定有幫助。她說不需要任何回報，只是單純想讓我體驗前世回溯。這封誠摯的信勾起我的好奇心，我決定接受她的邀請。

我打電話給米拉安排時間，她在電話中突然提到艾妮塔・穆札尼（Anita Moorjani）。艾妮塔把自己不可思議的瀕死經驗寫成文字。米拉轉寄艾妮塔的文章給我，我看後感動到把文章轉寄了再轉寄，最終促成了賀屋出版社（Hay House）爲這位了不起的女性出書。後來艾妮塔跟我成了好友，她的書《死過一次才學會愛》（*Dying to Be Me*）也成爲啓發無數讀者的暢銷書。米拉・凱利決定把艾妮塔的瀕死經驗轉寄給我，觸發了後續驚人的連鎖效應。

我跟米拉認識之後聊了幾次，她才來到茂伊島（Maui）爲我進行前世回溯。我對這次的療程沒有任何預期，但是在她抵達的一個小時內，我體驗了一段令人著迷的催眠時光旅行。米拉錄下了完整的療程，還把每一個字抄寫下來；催眠的部分紀錄已收錄在我自己的書《夢想的顯化藝術》（*Wishes Fulfilled*），而米拉在這本書中亦有略述。

雖然我幾乎不記得自己在催眠中說過的話，但視覺記憶卻十分清晰。那一次處於半催眠狀態時發生的事以及跟米拉碰面之後發生的同時性事件，依然令我深感興趣。這又是一個「保持心胸開放，放下所有執念」的最佳實例。我非常喜歡馬克・吐溫（Mark

Twain）說過的一句話：「讓我們陷入困境的不是我們不知道的事，而是我們知道卻其實不然的事。」

我知道你們一定會跟我一樣喜歡這本書，也會喜歡米拉在書中分享的真知灼見。

韋恩．戴爾（Wayne W. Dyer）

編註：韋恩．戴爾博士，美國知名的心靈導師、暢銷書作家和演說家，是當今自我提升與心靈領域裡影響最廣、最受尊敬的作者之一，曾被選為世界百大最具精神影響力的人物。

# 一個新的開始

我想用一個古老的保加利亞儀式做爲這本書的開頭。每當我面臨新的開始，我的母親莉莉雅娜・帕斯李瓦（Liliana Paslieva）都會陪我一起進行這個儀式，至今已進行過無數次了：

母親在一個裝了水的盆子裡，放入幾朵鮮花。她雙手捧著水盆，閉上眼睛，把母愛注入水中。她祈禱我在旅程中將獲得護衛與指引。

母親跟我站在家裡的大門內側。她打開大門把水倒在地上，口中唸著：「神就在你前方，你僅需跟隨。」

我跨出第一步，心中知曉我已做好準備。我憑藉著信心跳進未知。跨出門檻象徵我正走進自己更偉大的存在，包括身體、情緒與心靈。

我的另一隻腳踩在地上的積水。口中複述：「神就在我前方，我僅需跟隨。」

我感受到我的雙腳穩當又充滿自信。我現在腳步堅定地踏上自己的道路，這是一條分享之路：我要把工作過程中所得到的啟示分享出去，協助人類心靈的擴展。

我懷抱著信任踏上這個旅程。我知道我將會得到指引。我知道一路上凡我所需都會到來，在旅途中支持著我。對於每一個我知道一定會到來的禮物與機會，我心存感恩。這本書裡分享的內容已經改變我的人生，對此我充滿感激。我知道這些資料也一定會影響其他人的生命，並且將會幫助他們創造充滿奇蹟與擴展的人生。

讓我們現在就一起跨出門檻，好嗎？跟我一起踏上前世回溯、時間、轉化和療癒的冒險之旅。

神就在我們前方，我們僅需跟隨。

# 作者序

我十三歲的時候第一次爲自己回溯前世。當時我剛看完布萊恩．魏斯的《生命輪迴的前世療法》（*Through Time Into Healing*），他的客戶看到自己的前世也碰到跟現在一樣的挑戰之後，居然就能解決眼前複雜的問題；我對此深感著迷。在這之前我對輪迴轉世沒有任何想法，因爲我成長於共產時代的保加利亞，童年時從未接觸過宗教與心靈方面的主題。不過，這本書潛藏的可能性引發我的好奇，所以我按照書中的指示，自己嘗試前世回溯。在第一次回溯的前世裡，我是二次大戰期間的蘇聯間諜（將於第三章詳述）。這一次的回溯經驗既逼眞又感動，深深影響了處於人格建構期的我。

接下來我的生活跟一般的孩子差不多。後來上了大學，畢業後去讀法學院，然後在紐約市做律師的工作，直到前世回溯再度走入我的生命。當時疼痛折磨了我一年多，我諮詢過許多專業醫療人士還是不見起色，這時我突然想起小時候試過的前世回溯。走投無路的我打電話給一位當地的治療師，短短兩次療程疼痛就自動消失了。而且是永遠消失。

那時候我逢人就分享這個故事與前世回溯不可思議的潛力。研究前世回溯變成我熱愛的嗜好。我開始去聽演講，閱讀每一本跟前世回溯與輪迴轉世有關的書。我把自己的心得告訴朋友。我知道前世回溯眞的有用，所以我對每一個問題的建議都一樣：「透過回溯療程來治癒。」我幫每位願意嘗試的親友進行回溯，當然最常接受這項服務的人就是我的另一半。

我從未接受過回溯催眠的正式訓練，但是這不重要；我做這件事輕鬆又自在，宛如與生俱來的能力。可是對當時的我來說，去上課似乎是合理的下一步，所以我向這個領域最卓越與重要的催眠師學習：布萊恩．魏斯醫師與朵洛莉絲．侃南（Dolores Cannon）。後來我開始執業，利用週末爲客戶催眠。轉捩點發生在一次幫韋恩．戴爾博士進行回溯的機會。那次經驗爲我開啓了新的契機，我因此能夠全職幫助他人透過體驗前世來改善今生。

當我催眠客戶的時候，他們的轉變就直接發生在我眼前。催眠療程結束後，他們的人生再也不會相同，這帶給我無比的成就感與滿足感。但這份工作最有趣的地方，是我因此能透過客戶更加了解生命。藉由客戶的探索，我得到了最棒的心靈領悟，我渴望把這些心得分享出去，因此提筆寫了這本書。許多我早就聽過卻尚未內化的事，現在我對它們有了更深入的瞭解；此外我也從中發現以前從未知曉的眞相。我用這種方式扮演一個眞正的探險家，深入探索未知的意識疆界。

# 引言

在我們認眞進入這本書之前，我想先說明幾件事，幫助你們充分理解和運用這本書。在閱讀這本書的時候，請注意以下幾件事：

## 每一章都是一份領悟

本書共有十章，每一章的內容都是前世回溯對我揭示的領悟。最基本的領悟就是處理前世**確實**有可能療癒今生。這一點在第一章將有詳盡介紹，而我也會說明我如何在回溯療程中引導客戶。我將在第二章分享一個驚人發現：站在靈魂的角度，我們所有的前世、今生與來生都同時存在於「此時此刻」。第三章從這個領悟出發，說明我們做的每一個選擇如何創造一個全新的實相。我會在第四章說明平常的「自己」跟「高我」有何不同，教你如何隨時連結高我、接受指引。第五章要說的領悟是我們身旁的一切都反映出我們自己，第六章談的是寬恕的重要。我們在第七章探索如何操控時間，第八章的主題是自我療癒。第九章的領悟能幫助你了解你爲什麼有權利愛自己，以及宇宙如何愛你並無條件地支持你。最後，我將在第十章分享我從客戶身上學到的業、命運與自由意志的意涵。

## 詞彙定義

我會在書中使用一些專有名詞，有的可能是讀者早已熟悉的，有些可能不是。請容我在正文開始前提供一些幫助理解的定義。

創造萬物的主要能量來源並沒有正確或錯誤的名字。我們能想到的每個名字都是源自於祂，所以每一個名字都是正確的。也因此我會交替使用以下的名字來稱祂，包括「神／上帝」、「一切萬有」、「唯一」、「源頭」、「萬物」、「靈」、「造物主」和「光」。

我用「靈魂」這個詞來表示你的本質、你的存在、你的心靈或意識能量。靈魂把它自己的面向投射到物質實相，這些面向就是你所知道的身體與自我、意識與潛意識的心智。

每個靈魂都源自一個超靈（Oversoul），超靈是不同靈魂的合成體。超靈想在不同的次元與環境中體驗創造，因此它「分裂」自己的能量，而每一次「分裂」就是一個不同的生命。每個碎片本身都是一個完整的靈魂。跟你來自同一個超靈的靈魂就是你的「超靈同伴」。「靈魂群組」指的是一些超靈經由不同的轉世，彼此之間產生緊密連結。靈魂群組的成員同意要幫助彼此體驗靈魂轉世所要學習的課題。

存在的等級是從最下層的個體靈魂，慢慢一路向上到最高層的上帝意識。隨著你一層層地往上，每一層都對更高頻率的振動產生共鳴，意識能量的個別特性愈來愈少，意識的融合愈來愈強烈，直到你到達「唯一」。在上帝意識之下的，是第一層的天使意識，也就是第一次分裂；天使意識也是最先認識到自己是分離且被個體化、來自源頭意識的存在體。當漸次分裂進入更濃密的振動實相之後，天使意識會降至超靈的層級，超靈再進一步分裂成個別的靈魂。你可以把這個結構想像成一個金字塔。底層是轉世爲人的靈魂，頂點是源頭。頂點與底層之間是超靈和天使意識，而天使意識位在超靈之上。

在前世回溯的過程中，我幫助人們與他們的「高我」連結，接收高我的指引與答案。你的「高我」是你的靈魂的延伸，它存在於更高的次元。它跟心智不一樣，並不以物質實相爲導向。「高我」掌握了你今生的主題、目標，以及對整體的視野與洞察。它帶有你的靈魂的能量振動，使你能夠連結自己的振動本質和人生目的，並與之密切結合。

「前世」、「同步人生」、「其他人生」與「平行人生」這幾個詞會在書中互換使用。這是因爲從超靈的觀點來看，此時此刻所有的人生都在同步進行，相互平行。但從我們的觀點來看，時間是線性的，因此發生在今天之前的生命似乎就是「前世」。我在這本書裡交互使用這些詞彙，因爲它們事實上描述的是相同的體驗。

以上所說的是基本定義，隨著本書的進行，每個詞彙都會在相關的情境下討論，你們對詞意的了解會愈來愈深刻。如果你對其中一兩個詞彙不是全然理解，別擔心，等你看完這本書的時候，一定會對它們朗朗上口。

## 練習

我在整本書中安排了練習，讓讀者無論是否透過回溯都有機會獲得強大的療癒。若想充分利用書中的練習，閱讀本書時請準備好筆和筆記本。除了做筆記，你也可以把這本書個人化：看到特別有感覺的段落時畫上底線，或是用螢光筆標示令你感動的句子。在空白處或筆記本上做筆記，記下讓你發出「啊哈」的感嘆時刻。然後，與他人分享你的心得。透過分享，你的意識能量可以跟這本書的能量充分融合，創造出更恢宏的覺察、轉變與自我成長。

我也鼓勵讀者嘗試前世回溯，除了可以清楚了解整個回溯過程，也因爲我知道，透過重訪經歷過的其他人生，你一定可以找到無與倫比的價值。我在本書的附錄放了一段文字，讀者可加以利用，自行回溯前世。你隨時都可以參考這段文字。如果你想在我的引導下進行回溯，請去「其他資源」就可以知道哪裡有我的錄音檔案《前世回溯與超越輪迴》（*Healing Through Past-Life Regression...and Beyond*）。

## 目的

生命是學習與教導的不斷循環。我寫這本書的目的，是爲了分享我的客戶如何透過催眠回溯，轉換到健康幸福的人生，我希望你也能爲自己做到。

這本書不打算探討轉世與回溯的眞實性。這些主題已有許多很棒的參考資料。關於回溯的效果，其實在我第一次前世回溯之後就已經知道。我的客戶和我都從回溯獲得了徹底改變人生的巨大益處，這就是我想要強調的價値。我將在書中介紹幾位客戶經歷的奇蹟般的情緒轉變、身體調整與人生轉化。

這本書裡的每一個故事都深深打動我。著手寫書的時候，我注意到某個更偉大的事正在進行。就好像這本書是靈魂的一項計畫，資訊湧入一張廣大無邊的造物網絡，而我只是其中的一個交點。靈魂精心編排了一切，我要做的只是陪伴每一位客戶，向他們提出一個簡單的問題：「我能否把你的故事分享出去？」（註：除了韋恩與瑟琳娜・戴爾（Serena Dyer）之外，其餘人名均為化名以保障隱私。）

我希望藉由這些故事呈現我透過前世回溯所得到的領悟，因為這些領悟或課題不僅屬於我；它們屬於每一個正在學習的人。它們回答了我們每一個人所面臨的挑戰。

我也希望讀者能找到支持、撫慰、新的視野以及全新的機會，以嶄新的方式存在於這世上。希望這本書能在你的成長過程中滋養你、加強你的理解並賦予你力量。但最重要的是，希望它帶給你回到「家」的溫暖感受，使你與你原本就具有的內在神性重新連結。

# 第一章　探索前世有助療癒今生

故事的開始其實沒那麼精采。我有一顆年代久遠的補牙塡料裂了，必須重補。我去看了一位很受推崇的牙醫，但是補完牙之後，我的下巴整個歪了。新補好的牙跟其他牙齒不合，咀嚼時也感覺怪怪的，所以牙醫把塡料跟周邊區域調整了一次又一次。無數次的「調整」導致劇烈疼痛，這是一種叫做顳顎關節障礙（temporomandibular joint and muscle disorder，簡稱TMJ）的病症。我的下巴結構沒有問題，但是下巴肌肉的位置歪掉了。我每次張嘴都極不舒服，當然吃東西也很痛苦。疼痛蔓延，造成我的肩頸肌肉長期酸痛。甚至連說話跟睡覺都很難受。

爲了治療這個病症，我試過各種我能想到的方法。我每星期換一個牙醫，爲了紓緩緊繃的肌肉並放鬆下巴又做了多次調整。我戴著口腔咬合板睡覺。我換了枕頭，後來又換了床。我每星期要接受三次物理治療。爲了方便咀嚼與進食，我改變了飲食習慣。爲了止痛和預防感染，我呑一大堆藥丸。我試過的方法眞是說也說不完。這件事變成生活上，還有財務上的沈重負擔。

一年過去了，疼痛依然存在。有一天，牙醫對我語重心長地說：「米拉，我們必須面對事實，實事求是。」持續治療一點用也沒有，我必須做出選擇。他建議我接受手術，不然就得一輩子跟疼痛為伍。手術的作法是先切斷下顎骨再把它接回去，而且不保證一定能消除疼痛。我實在看不出把原本好好的骨頭切斷意義何在，尤其是醫生說過問題出在肌肉，而不是骨頭跟關節。但是痛一輩子的可能性也很嚇人。兩個選擇我都難以接受。

生命的同時性總是自有安排。那個星期稍早，我已排定看完牙醫就要去做物理治療。物理治療才剛開始，就有一連串的問題浮現腦海：接下來該怎麼辦？我已經試過各種方法。能做的都做了……不是嗎？當時我的腦中彷彿亮起一顆燈泡。我記得小時候做過前世回溯，也看過別人回溯了前世後身體奇蹟治癒的故事。走投無路的我迅速找到一位紐約市的回溯治療師，約好見面的時間。

第一次療程的時間是一個小時，但實際療程只有十五分鐘左右，因為必須先熟悉治療師並向她訴說我的問題，等我感到輕鬆自在之後她才能為我回溯，檢視究竟是怎麼回事。（現在我為客戶做的療程通常長達四小時。）因為時間很趕，加上我們之間尚未建立信任，那一次我並未體驗到前世。在亟需幫助的情況下，我跟她約了幾天後再次進行。

在第二次療程中，我短暫體驗了一段前世。我看見自己是一個又高又壯的黑人男性，脖子上戴著厚重的金屬項圈，手腕上有手銬，腳踝上有腳鐐。項圈上的鏈子跟手銬腳鐐接在一起。金屬項圈極不舒服，一直磨擦我的下巴，以致下巴上有個永遠好不了的傷口，位置剛好就是這世顳顎關節疼痛的地方。我在身為奴隸的那世擁有強健體魄，但是不人道的對待擊垮了我的心靈。強壯的身體與軟弱的心靈把我殘酷地一分為二。我感到徹底無助。我不怨恨主人。事實上，我對他們心懷感激。雖然他們對我不好，但是他們給我食物，我認為這是天大的慈悲，我非常感謝他們。

我在治療師的辦公室裡淚流滿面。我為那個被奴役的自己感到悲傷。我感受到他的痛苦和他破碎的靈魂。怎麼有人可以用這種方式對待另一個人？怎麼會有人用金屬項圈鎖住別人？而我怎麼可以因為食物就會感謝顯然是在虐待我的人？我怎麼會一方面擁有強壯的身體，一方面又感到徹底無助？我為什麼不大聲抗議？我為什麼沒有試著改變現況，去反抗，甚至逃脫？

我從這次回溯獲得的主要訊息是我覺得自己缺乏力量。我從催眠中醒來，在治療師的沙發上坐直身子，我問她：「有力量是什麼意思？」她沒有答案。（我現在的方式是用提問來引導客戶獲得更高層次的領會，但這並非這位治療師的方式。）她只是告訴我：

「你必須靠自己找到答案。」

我在第二次療程時只看到上述的前世畫面，那是一次很有宣洩效果的經驗。那一整天我不斷問自己：「有力量是什麼意思？」我沒有得到明確的答案，但是隨著淚水的滑落，我得到了情緒的釋放。

現在回想起來，我看得出這個問題直指我當時的工作情況。我是年輕有爲的律師，也是事務所在公司法領域最有價值的律師之一。上司評量我的工作表現時，總是讚美我的職業操守、法律專業以及管理客戶與業務的能力。但是他們沒有把我的薪水調升到跟同事一樣，也拒絕了我打從心底想要換辦公室的要求，然而明明有好幾間辦公室無人使用。我對事務所忠心耿耿，但事務所卻沒有給我應得的照顧；我覺得很無助，就像那個黑奴一樣。我喜愛我的同事，也不想失去留在事務所的舒適與安全感，但是我沒有得到自己眞正想要的。勇敢直言沒有用，堅持下去又可能傷害到自己，所以我只能壓抑這些感受，繼續扮演盡忠職守的好員工。

這些就是當時日日折磨我的情緒問題，另一方面我的下巴也在想辦法擺脫疼痛。我後來才發現所有的身體病痛都源自情緒（本書對這點將有深入討論）。當身體感到不舒服，就代表我們內心必須處理並解決某個想法。當我們沒能有意識地面對挑戰，身體就會以健康問題來向我們反映這些挑戰。現在看起來，我身為奴隸時的掙扎與今生的掙扎之間存在著明顯關聯。

雖然回溯治療師在療程中沒有下指令要求治癒我的下巴，但是回溯療程讓我明白我是有力量的，而且我有選擇。隔天醒來，痛了一年多的下巴忽然不痛了。

我的生活迅速恢復正常。我不再吃止痛藥，睡覺時不用戴咬合板，也不用再做物理治療。下一次看牙醫時，他對我的康復感到匪夷所思，直呼奇蹟。

我發現我隨時都可以跳槽到另一家事務所，我不需要重複身為奴隸的那種無力感。在工作方面，我可以選擇做一個與他人平等並具有力量的自己。這樣的體悟讓我的情緒跟身體問題都得到了解決，我也因此可以繼續往前邁近。

我對何謂有力量的那個問題是否得到了解答？我的奴隸人生和我跟雇主的僵局使我明白，眞正的力量與我在政治學課堂上學到的力量截然不同。現在我知道力量來自於誠實面對自己，而不是支配他人。人之所以會控制和操縱他人，是因為他們覺得自己**沒有力量**。他們不相信即使不傷害自己或他人，他們也能達成目標。然而眞正的力量要求的只是渴望、接納與信任。眞正的力量只要你配合充滿創造力的宏偉源頭就能獲得。對眞正的領導人來說，以正直爲依歸的領導方式並渴望賦予他人力量，才是眞正的擁有力量。

身體上的疼痛教會我這個簡單卻深刻的道理。我明白了力量來自認識自己的眞實本質，而我靠自己就能看見我充滿力量的本質。

❖　❖　❖

這個故事發生在七年前。我的下巴從那時到現在都沒再痛過。

七年來，我一直沒告訴牙醫我的下巴是怎麼痊癒的。一開始我不好意思跟別人討論自己在靈性上的追尋。反正我的下巴已經好了，這樣就夠了。我覺得沒有必要向他解釋。但是在寫這本書的過程中，我跟我的牙醫再度碰面。我們已經好一陣子沒碰面，所以聊了聊彼此的近況。我告訴他，我轉換了事業跑道。他聽得興味盎然，還告訴我他每次造訪耶路撒冷古城都有一種奇妙的熟悉感。他很好奇另一世的自己是否曾在那裡住過。

他的回應令我驚訝。難道我的牙醫一直都很樂意討論心靈話題？或許這些年來，是我一直把自己的不安投射到他身上。他的坦率鼓勵了我，我伸手從包包裡拿出一張CD遞給他，那是我的錄音檔《前世回溯與超越輪迴》。

「我一直沒告訴你，我的下巴是怎麼痊癒的。」我說。他專注聆聽我的故事。

「我正要開一家針對顳顎關節障礙的治療中心。」聽完故事後他說。他猶豫了一下，然後凝視著我說道，「我們應該好好談一談。」

想當然耳，離開診所時我爲回溯所創造的生命奇蹟感到欣喜。我知道前世回溯也能幫上你。但讓我們先回答一個你可能想問的最基本問題：前世回溯**到底**是什麼？

## 前世回溯入門

催眠回溯是一種溫和卻強大的工具。我在療程中引導客戶進入深層的身心放鬆狀態。隨著身體放鬆，注意力自然而然地轉向內在，所以可以進入比清醒時更深層的狀態。

我們跟自己曾經活過與即將經歷的人生一直都是連結的。它們是我們的道路、本質與傳承的一部份。只要讓外在世界的刺激退到幕後，我們就能輕鬆連結上造就出我們的種種經歷。當我爲客戶進行回溯療程時，前世來生的故事、畫面與感覺立刻生動鮮明地流入他們心裡。我請他們說出感知到什麼，他們就能娓娓道出自己的故事。

每一個療程都是獨一無二的，而客戶所體驗到的人世也總是最能符合他們的最高利益，最能幫上他們的經歷。催眠中回溯的人生絕對不是隨機出現，也不是晚宴上跟賓客分享的趣聞。重新經歷其他人生有助於了解現在的自己，並且指引我們克服當下最急切的身心挑戰。在這個簡單的過程中，人們體驗自己曾經活過的其他人生，每段人生有著不一樣的結果，我的每一位客戶離開時都大呼驚奇。我也讓他們有機會與自己的高我、指導靈和天使溝通，在重要的決定上獲得指引，並且收到人生問題的解答。

回溯能幫助我們解決情緒上與身體上的問題，對於了解與釋放恐懼及創傷也很有幫助。透過回溯，我們可以看清楚自己和他人的關係，以及在我們和他們共同生活過的人生裡，這些人扮演怎樣的角色。明白了這些超越時間、千絲萬縷的關聯，就能了解自己現在所面臨的情況，也能帶著更多的同情、寬容和愛去看待世事。

這本書收錄的回溯故事，包括我自己的與客戶的，都讓我領悟到身爲人類的意義、時間的作用、宇宙的無限可能，以及如何療癒頑強揮之不去的身心挑戰。

回溯其他人世並不需要任何特殊條件。當我們處於有助於回想其他人生的地點或情況時，回溯就有可能自動發生；回溯也會在我們的夢裡發生。當我們透過催眠療程進行回溯，便可善加利用前世的訊息來得到答案與指引。

對心智來說，回溯幾乎是無縫接軌的過程。只要稍微改變腦波活動就行了。在催眠回溯時，我們的大腦會從貝塔波狀態（正常清醒的意識）變成阿爾法波狀態，也就是完全放鬆。接著，在我的引導下，我的客戶會進入西塔波或伽瑪波狀態。

西塔波是保有覺察卻昏昏欲睡的狀態，最常出現在即將入睡或剛剛清醒的時候。西塔波狀態介於意識與無意識之間。善用西塔波狀態，可獲得深層的學習、療癒與成長。進入伽瑪波狀態後，感知與意識都會被強化，你會有種與萬物合一的感覺：至喜以及對存在本質自然而然的了解。回溯的強大功效就是發生於西塔波與伽瑪波狀態。

我是使用催眠引導客戶進入深層的出神狀態。催眠因為受到誤解，許多人對它感到害怕。始作俑者是催眠表演以及催眠暗示所聲稱的「心智控制」；我們的自我當然會對交出控制權感到畏懼。但我們不了解的是，進入深層出神狀態並不需要交出對自我的掌制。在回溯的過程中，你依然擁有完整的控制權。事實上，回溯時你的自我（也就是心智）是全程參與的。你的心智成為回溯過程中的一部分，而你就是透過心智去學習和了解。回溯過程所發現的新資訊能讓你整個人，包括你的自我，轉換到一個擴展的存在與創造的狀態。

其實所有的催眠都是自我催眠。在放鬆的過程中，客戶／個案的自我心智判斷這個人（也就是客戶本身）的身體處在一個安全的環境裡，可以安心地在我的辦公室和我所提供的寧靜與舒適情境裡放鬆，因為他們信任我是一個可以引導並妥善照顧他們的人。

一旦自我判斷它能安全進行探索，心智就會自己尋找方向。

催眠是一種專注於內在的能力。經由放鬆身體，我們的專注力可以從外在感官轉移到**內在**感覺。心智掙脫物質實相，釋放內在感受去超越與探索實相。接著內在感受會引導客戶，穿過不同的意識層次慢慢上升：情緒、個人信念、共有的社會信念與觀念和高我。我們的心靈能量愈提升，我們就越不受到人格與人生故事的束縛。我們的振動頻率愈高，就愈能與超靈的意識合一。

如前所述，超靈是我們前世、今生與來生的所有靈魂的「母親」。它存在於一個所有時間都被感知爲**現在**的次元。對超靈來說，你我口中的「過去」、「現在」和「未來」都是同時發生的。

在回溯療程中，我們讓內在感受進入超靈的次元。我們把自己的意識與超靈的意識融合。在那個次元，我們可以選擇體驗物質實相的任何一世。這是爲什麼當我們重新經歷一段人生的時候，我們完全與那個人認同，把自己當成主角。因爲我們是從超靈的位置去感知這段人生，而超靈與它所創造的靈魂本來就是一體。在回溯的過程中，我們知道自己同時是「另一個」人生和「這一生」，因爲它們是在超靈的兩條能量與活動軌道上同步發生。對超靈來說，我們的每一段人生都是「現在」，對回溯過程中的我們來說也是如此。

因此，前世回溯並不是體驗一段回憶。當然，爲了方便起見，我們可以稱之爲回憶；也因此我們會把自己的其他人生稱爲「前世」。但如果眞的要了解回溯，我們就必須認知我們在做的事是讓自己的振動能量連接上超靈的振動能量，然後跟正在同時間進行的其他人生融合。我們在第七章討論的時間主題，將會幫助讀者了解這個眞相，領會我們所稱的「前世回溯」的探索力量有多強大。

## 人生的領悟

前世回溯是學習人生課題的最有效途徑之一。當我們與自己的其他世人生建立連結，我們就能親身體驗那段人生中的掙扎、喜悅、情緒與各種細節。靈魂喜歡跟自己在前世已建立情感的靈魂一起轉世，這樣才能繼續一起成長和探索。基於這個原因，我們常在回溯過程中看到自己喜歡的人和朋友，以及彼此關係充滿挑戰的人。

回溯時體驗的人生與我們現下的人生永遠都有共同的課題。透過重返另一段人生，我們可以從不一樣的觀點去思考如何處理令我們苦惱的人生考驗。這就是回溯的力量：

我們可以看到更全面的觀點，一張由不同人生交織而成的織錦。如此一來，我們對靈魂的道路才會有深遠的了解。當我們看見自己在其他人生是如何處理相同的挑戰之後，我們就有能力改變今生的處理方式。我們會釋放自己。我們會賦予自己力量。這就是探索前世之所以能夠療癒的原因，而且這種療癒涵蓋身體與情緒兩者。

現在就讓我們看看我從客戶身上學到的人生領悟，以及這些領悟會如何改變**你的**人生。

# 第二章 同步進行的人生

幾年前我還是公司法律師，有一天走進公司附近的巴諾書店（Barnes & Noble）。當時是午休時間，我想在回辦公室之前看看有什麼有趣的書。我在新時代區發現珍・羅伯茲（Jane Roberts）的《個人實相的本質》（*The Nature of Personal Reality*），這本書後來成爲我的愛書之一。我從書架上拿起這本書，它握在手裡的感覺很好。我打開書的時候，一個想法突然浮現腦海。

把你的名片夾進這本書裡。

我早就學會不去質疑直覺，而是帶著玩樂的好奇心聽從。不過就連我也必須承認這個想法毫無邏輯可言。儘管如此，我依然打開手提包，拿出一張名片夾在書裡。我把書放回書架的時候，出現了另一個想法。

買下這本書並發現你的名片的人，會是一個非常特別的人。

這個想法很陌生，不太像是我自己的想法，而是來自一個比我知道更多的人。「非常特別的人」這幾個字縈繞著一種神祕感。我的靈魂明白這種感覺，但是我的心智無法解釋。

幾個月後，我早已完全忘了這件事，直到我收到一封電郵，寄件人是一位叫做約翰的男性。他說他覺得自己應該重讀《個人實相的本質》這本書，於是去了我上次去過的那間巴諾書店，書店就在他的工作地點對面。他拿起我拿過的那本書，結果我的名片掉了出來。

這又怎樣？他這麼告訴自己。但他還是把我的名片收起來，連他自己都不知道為什麼。那天晚上回到家之後，他造訪我的個人網站，只瀏覽了幾分鐘就決定寫信給我。他說有一股力量叫他這麼做，他幾乎是毫無思考就自動照辦。

在我個人網站成千上萬的文字海裡，有一句話讓約翰印象深刻。六個月前我在一篇網誌中提到工作時的自己很像「一個心靈臥底」。當時我仍在公園大道上的一間大型事務所擔任公司法律師。我在工作上表現優異，但身為「好律師」的我覺得自己無法跟同事分享我在心靈方面的興趣，也就是我眞正的人格。我很怕受到批判、誤解、排斥或更糟糕的對待。這種孤單的感覺讓我覺得自己像個「心靈臥底」：我只能偷偷地努力把正面能量、合作、平衡與光帶進事務所，因爲事務所根本不重視這些品質。約翰也有同樣的感受，所以他向我求助。他想找一個能與他分享的靈魂，一個能了解的人。我當然了解！

約翰說自己是個二十幾歲的單身漢，幾年前一腳踏進靈性的道路，但是他很孤單，因爲沒有家人或朋友陪他一起走這條路。我跟他分享我的前世回溯經驗，告訴他透過回溯得到的領悟總是剛好配合當下的挑戰，能以最出乎意料的方式提供療癒。我興奮地提出我想幫他回溯前世，而他出於好奇心答應了我的要求。

我向來把握機會跟每一個親朋好友熱切討論前世回溯，也曾幫許多親友做回溯催眠。但約翰是個特例；畢竟我們才剛認識不久。約定的日子到來，我很緊張。我引導他放鬆身體的時候，連聲音都在發抖。幸好在我引導放鬆的同時，我自己也慢慢感到放鬆。我並不知道自己即將得到第一個（或許也是最令我驚訝的）來自前世回溯的人生領悟。

## 他說什麼?!

我引導約翰進入催眠狀態後，我請他說出他看到、感覺到和聽到的事。他說自己站在一間理髮店前面，這條街鋪著鵝卵石。街燈上有燈罩。他身穿西裝：棕色長褲、背心、條紋襯衫與棕色外套。他搭配西裝穿了一雙正式皮鞋，戴了一頂他形容爲「報童帽」的帽子。他的年紀三十出頭，名字也叫約翰。（雖然他並非每一世都叫約翰，但是爲了方便理解，我會統一叫他約翰。）

我在催眠療程中問了約翰許多問題。在描述人生經歷時，約翰非常注重姓名與日期。他是個成功的銀行家，住在紐約布魯克林區，與妻子凱瑟琳育有一子一女。我們看見他的兒子於一九四〇年出生，也看見他的女兒在一九六三年舉辦婚禮的場景。我們發現他的兒子在一九五七年死於車禍。約翰記得自己在女兒結婚當天的想法是：她應該可以嫁給更好的人。經過了好些年，他跟女兒漸漸斷了聯絡。一九七一年妻子過世後，他的人生變得非常寂寞。他過了幾年孤零零的日子，然後又因爲投資失利賠掉所有財產，最後約翰在一九七八年自殺身亡。

約翰要從那一世人生學習的主要課題是寂寞，還有後來的自殺後果（第六章將有詳盡討論）。約翰的靈魂離開身體後，他回到靈界並見到了他的指導靈。約翰與指導靈討論了再次轉世的需要以及面對他所無法忍受的寂寞問題，（他在那世因無法承受寂寞而突然結束生命。）他說他很快就轉世了……這次他出生於一九五〇年。

他說什麼?!我在腦海裡大聲質疑。我的老天！

我感到驚慌與難以置信。約翰就躺在我面前的床上，而我坐在旁邊的椅子正努力掩飾震驚。在我們剛剛回溯的前世中，他出生於二十世紀初，死於一九七八年。現在他居然說自己轉世後出生於一九五〇年！

我的心智提出抗議。不對、不對、不對！絕對不可能！時間不是這樣的。輪迴轉世不是這樣的！時間是線性的。靈魂完成了一段人生之後才會展開下一段人生。這太不合理了！

我陷入震驚。我試著摒住呼吸，坐在椅子上一動也不動。我怕我的呼吸會洩密，讓他發現我有多驚慌。我怕自己翻騰的思緒會影響他，打斷他腦海中流動的畫面。沈默彷彿永遠不會結束。我的心臟在胸腔用力跳動。

約翰的話仍在我腦中迴響，我一直問自己：我該怎麼辦？我應該說什麼？

「稍安勿躁，」內心深處一個聲音說，「先聽聽他怎麼說。」於是我等待。

我的肺因爲缺少空氣而刺痛。我試著用這輩子最安靜的方式吸氣。謝天謝地，約翰打破了沈默。

「她開心地向女性友人介紹我。」他說，「有好多女士……香水太濃，妝也太濃。我在哭……我一點也不開心。」

我深吸一口氣，他繼續描述眼前所見讓我感到鬆了一口氣。約翰說這一世的他是來自美國南方的混血兒，被一對富有的白人夫婦領養。約翰的養父母一直想生個孩子，最後才決定領養，但是養父無法接受兒子的深色皮膚。約翰跟養父感情不好，他一直很怕養父。

約翰四歲的時候，有一天帶著瘀青的眼睛回家。他在學校裡被其他孩子打，他們笑他是養子。他的養父母開始爲此爭吵，養父堅稱當初不該領養約翰。他們愈吵愈兇，最後在約翰十三歲的時候離了婚。

約翰跟養母搬到紐約市。他和一群跟他一樣是深膚色的男孩變成好友，他們組了一個和聲樂團，在街角的糖果店門口演唱。約翰對讀書沒興趣，他跑去當建築工人並被納入一個全白人的建築團隊。他很喜歡一個叫蘇珊的女孩，她想嫁給他共組家庭，但是約翰覺得自己才二十幾歲，談成家還太早。他旅行到洛杉磯之後就再也沒回過紐約。

約翰在第二個人生經歷過許多難以置信的事，但這些似乎都影響不了他的情緒。事實上，他好像對很多事情都興趣缺缺。我發現他對人權、身爲養子、養父母的爭吵或學校的事都不太關心。

約翰在加州過著非常簡單的生活。他工作、吃飯、睡覺，日子大致上心滿意足。但是他每天都很後悔當初沒有跟蘇珊結婚。回顧這一世結束前的那段日子，約翰說：「我很老了，已經九十幾歲。我住在加州的養老院裡，幾乎每天都呆坐著凝視窗外，虛耗光陰……」

從我們現在的觀點來說，約翰同時經歷前世與「來生」。他這一世出生於一九五〇年，而他看到了九十幾歲的自己，因此養老院的場景顯然發生在二〇四〇年代。更令人費解的是，我眼前的約翰是出生於一九八〇年代中期。這場超越時間的冒險又持續了四世，幾乎都發生在相同的一百三十年間：一九一〇年代到二〇四〇年代之間。

## 約翰的其他世計畫

經歷過回溯的第二個人生之後，約翰明白到這樣簡單的度日，他沒有學到任何東西，他那一世猶如浪費光陰。於是他決定要在下一次的人生學習如何去愛。

第三世的他出生於田納西州，時間是一九四六年七月三日。（我特意記住這個日期，因爲我對他年代重疊的人生依然百思不得其解。）這次約翰出生在一個大家庭裡，但是他跟雙胞胎姊姊珍恩感情最好。珍恩的個性像男孩子，約翰則害羞、多愁善感而且非常用功。珍恩從小到大都是校花。約翰說自己是個書呆子，但是因爲姊姊的關係沒人會欺負他。全校男生有一半喜歡珍恩，另一半則害怕珍恩。

約翰跟珍恩第一次分開是上大學的時候。他念麻省理工學院，她念加州大學洛杉磯分校。大二的時候，約翰得知珍恩被一個同校的男生強暴。約翰毫不遲疑地休學搬到洛杉磯照顧珍恩。他很高興自己能陪在姊姊身邊。

約翰搬到加州後不久，在一九六七年的某一天買了麵包後急著回家，過馬路時死於車禍。才剛經歷強暴創傷的珍恩無法承受失去弟弟的痛苦，於是吞下一大把藥丸自殺。

約翰的靈魂回到靈界之後沒有立刻投胎轉世，而是等待珍恩。珍恩爲自己寫下全新的人生計畫，把導致自殺的情緒問題納入新人生的計畫裡。等到她成功過完那一生，他們兩個便準備好要一起重返人世。接下來的這個故事每每令我感動不已。

在第四世人生中，約翰是住在紐約市的一位年輕樂手。他單身，父母雙亡也沒有兄弟姊妹。每天晚上爵士樂團結束練習後，他都會到家裡附近的餐館吃晚餐，希望能偷看一眼自己心儀的女侍。他的個性害羞又緊張，就算女侍總是對他微笑，但他從沒跟她說過話。

有一天約翰終於鼓起勇氣向她自我介紹，她說她叫羅倫。他問羅倫願不願意跟他一起喝杯咖啡，她答應了。她說她午夜才下班，請約翰那時候再來找她。結果約翰睡著了，錯過了約定的時間。他凌晨三點才醒來，心裡十分驚慌，他怕羅倫不等他。他趕忙衝到餐館，發現羅倫還在等。她假裝生氣罵他，事實上她看到約翰非常開心。他們的感情迅速發展，不到半年就步入禮堂。

羅倫回到學校念書，後來成爲老師。她跟約翰沒有孩子，他們總是形影不離。他們深愛彼此，非常喜歡彼此的陪伴。他們去巴黎度蜜月，玩得很開心。結婚二十五週年時，他們重返巴黎這個「光之城」。雖然兩人都不再年輕，但是濃情依舊。羅倫的個性滑稽傻氣，也因爲她從不在乎別人的目光，所以約翰才能放得開、盡情享受相處時光。羅倫後來死於乳癌，約翰從此過著獨居生活。我問約翰會不會很難過，他說：「沒有你想得那麼糟。我們擁有許多回憶。我們一起經歷了好多事。」一年後，約翰死於心臟病。

在慢慢離開那一世的場景時，約翰說：「她叫羅倫，對吧？我一直都知道我們之間不只如此，卻又說不出原因。她其實就是珍恩。」我們的名字跟關係會隨轉世改變，但是我們對彼此的愛總是把我們牽引在一起，一世又一世。

約翰回到靈界與指導靈碰面，他每次回來指導靈都在這裡等待。這次指導靈告訴約翰，他教導別人的時候到了。約翰猶豫了一會兒，但還是接受了在第五世人生教導別人的機會。

他出生在德州的陸軍基地裡，當時正是越戰期間。他的母親一直很擔心兒子會變成一個沒爸爸的孩子，而約翰的父親後來也的確死在戰場上。這次約翰再度指出明確的時間，也就是越戰，這表示他的第五世人生也跟其他世的年代重疊。

父親過世後，約翰跟母親搬到紐約市。約翰說雖然他跟母親感情很好，但是母親對失去他的恐懼多少影響了他們的母子關係。他是個好兒子，也是典型的美國好青年：品學兼優、擅長運動、英俊瀟灑、人緣極佳。長大後他在金融界功成名就，但是他真正熱愛的是藝術。他喜歡畫畫、創作詩和寫故事。

約翰交往過的女友母親通通不喜歡。他說：「我不再約會。我有罪惡感。反正不管怎樣母親都會擔心，所以我乾脆不再讓她擔心。」在人生的最後幾年，約翰跟一個叫做南西的溫柔女子一起度過；母親不得不接受南西。約翰在睡夢中死去，年約四十出頭。母親用他的錢成立了一個學校基金。約翰說他死後母親不再需要爲他擔心，所以反而過得比較快樂。

結束了這一世，回到靈魂的狀態，約翰發現自己沒有教導任何人任何事。他下定決心要做得更好，第六世他的靈魂選擇在日本生活，他是一個叫做清美的女孩。清美的父母在車禍中喪生，她必須獨立照顧妹妹。清美長大後事業成功，除了是知名的音樂製作人，也是連鎖餐廳的老闆。她不間斷地捐款，因爲她相信擁有太多不是好事。約翰回溯第六世人生的速度很快，這一世的場景猶如快轉，因此他沒有告訴我任何日期。後來我請他確認自己看見的年代，他說這一世發生在一九八〇到二〇一〇年之間。

回到靈魂的狀態後，指導靈迎接約翰時告訴他：「捐錢是好事，但是你教導了什麼？捐錢沒有教導任何人任何事。」約翰也承認的確少了什麼，因爲他沒有做好教導的工作。

約翰回溯了六次人生後，我知道我們必須請他的高我來說話。我非常想知道爲什麼相同的一百三十年裡可以同時上演六世人生！

## 平行人生

客戶看見自己的其他世之後，我會用引導的方式幫助他們擴展意識，連結最高層次的愛、光和療癒。接著我會跟高我討論客戶在現世所面對的各種問題與挑戰。

高我是我們的非實體延伸，它的理解遠爲宏觀，而且隨時準備好帶領我們實現最豐富充實的人生。透過結合心智的能量與高我的振動頻率，我們就**成為**自己的高我。

當我連結約翰和他的高我能量之後，我最想知道的就是爲什麼約翰的六世人生會同時間發生。我把我聽到的答案整理如下：

米拉：我們今天探索的幾世人生在時間上都有重疊。這與人類的時間觀念相去甚遠。約翰應該如何看待這些人生？

約翰的高我：其實關鍵只在於接受。他一半在其中，一半在外。一半堅持所謂的正常，一半則否。這就造成了「線性時間」與「時間並不存在」之間的分隔。

米拉：什麼是時間？

約翰的高我：時間是無窮盡的。

米拉：那麼人類的時間觀念有意義嗎？

約翰的高我：它對地球來說有意義。你們需要它。

米拉：你可以為我說明平行人生嗎？因為我想加深自己這方面的了解。這些不同的平行人生是一個靈魂同時分裂出來的嗎？主要的靈魂依然留在原來的地方？

約翰的高我：是的。靈魂的碎片去體驗每次人生。

米拉：這些人生都是真實的？

約翰的高我：它們都是真實的，因為主要的靈魂仍然感受到所有的人世。

雖然我以前沒聽過這種觀念，卻對它有一種熟悉感，就像一件被我遺忘許久的事。這種感覺就好像想起一個遺忘了好幾個世紀的重要眞相。約翰的高我說時間觀念對地球上的人來說有意義，但是在人類的領域之外，時間是無限的。對我們來說，人生是接續的；但事實上超靈所體驗的所有人世都是同時發生。

我們是多次元的生命體。我們的世界遠遠超過五感所提供的資訊。透過親身經歷並接受存在的其他次元，我們覺察到自己是恢宏的造物。

約翰的高我解釋每一世都是超靈的一塊碎片。我在第一章提過超靈是一種能量意識，由你過去和未來的每一個靈魂集結而成。超靈創造出自己的碎片，因爲它渴望從不同的觀點體驗生命以便了解自己。超靈選擇一個特定的學習目標後（例如愛的領悟），它會創造出自己的能量碎片，也就是不同的人生，而每一段人生都是去探索和體驗愛。

從單一面向得到的領悟絕對不夠完整。例如，不了解什麼是遺棄和寂寞就不可能了解愛。如果主題是愛，那麼超靈從一段充滿失衡關係的人生中學習到的，絕對不亞於充滿愛與關懷的人生。唯有仔細了解每一個面向，超靈才能得到完整的理解與體驗。

這就是超靈的本質。這也是一切萬有的本質：創造，並且透過自己的創造物去擴展覺察。超靈形成的每個碎片都是一個靈魂。雖然我們把個別的靈魂稱爲超靈的碎片，但是每一個靈魂本身都是完整無缺的。我後來在爲一位叫做麗莎的客戶回溯前世時，明白了這件事。（麗莎的故事在後面章節。）麗莎也經歷了年代重疊的人生，她的高我說雖然每個靈魂都是碎片，卻也都是完整的靈魂。每個靈魂本身都具有意識以及執行自由意志的能力，在不同的存在次元中選擇自己的體驗。儘管超靈分裂出碎片，但超靈本身也是完整無缺的。就像大海裡的每一滴水都跟海洋具有一模一樣的特性，靈魂與超靈的關係也是一樣。

這個理解也爲存在的架構提供了解釋。組成超靈的碎片稱爲「對應靈魂或複本靈魂」

（counterpart souls），因爲它們共享同樣的超靈振動頻率，它們彼此相似。一群超靈組成一個靈魂群組。每上升一個等級，超靈的振動頻率也會隨之提升，而複本靈魂的個別特質也會漸弱消失。於此同時，意識也越來越融合，直至回到源頭。

因此，在最高振頻的層次，你和我（以及現在與過去曾經生活在地球上的每一個人）都融入相同的超靈之中，都屬同樣的超靈，也就是我們稱之爲「神」的能量。從這個觀點來說，人類也跟岩石、植物、動物和水擁有相同的超靈。我們都源自同樣的深刻且奧秘的愛。我們都是兄弟姊妹。

## 每一世人生同時存在

超靈創造靈魂碎片，目的是透過這些碎片得到成長，而所有的靈魂碎片同時存在。我們可以用個簡單的比喻，靈魂碎片就像手指一樣同時存在並各自發揮功能，而手就是超靈。另一個比喻是火車跟各節車廂。火車的車廂同時行走在軌道上，每節車廂上都有自己的乘客、活動與對話，一節車廂就是一世人生。車廂串連成一列火車，也就是構成超靈的意識。

爲了探索特定主題，也爲了發揮最大潛能，一個超靈可能會選擇跨度很大的一段時間做爲它的遊樂場。它的靈魂碎片的人生可能會橫跨幾百年。前世回溯時重返的人生通常是一個接著一個，時間上不會重疊，所以我們覺得自己是在造訪「前世」。也因此這些人生的進程符合我們的線性時間觀。但是以約翰的案例來說，他的超靈可能比較適合在短暫的地球時間內探索各種主題，因此我們回溯前世時會有某幾世或每一世都出現年代重疊，就像約翰所體驗到的平行人生。

靈魂創造的每一世人生都是同時存在的——這是我從約翰的催眠療程中得到的深刻領悟。從超靈的觀點來看，此時此刻每一世都正在同時進行！人生並不是過去、現在與未來，而是同時發生。

過去人們對於輪迴轉世的觀念是這樣的：靈魂誕生並擁有實體化身。最後肉體死去，靈魂回到轉世之間的那個次元，靈魂在此評估自己生前的表現，然後選擇要不要再度轉世，針對相同或不同的主題努力。這樣的輪迴會持續到靈魂臻至完美、與神的意識融合爲止。換句話說，我們把輪迴轉世視爲單一靈魂的線性發展。過去我們把「其他世」人生視爲同一個人的「前世」，我們很少討論來世，因爲在我們的觀念裡，來世尚未發生。

現在因爲我們的心智比較能夠理解多次元的空間與時間了，所以我們可以超越世世代代前人所留下的簡化版解釋。在地球實體世界的次元之外，時間運作的方式截然不同。它不是線性的，它一直是「現在」。每一段人生在此刻都是「正在開展」，也都是「已然完成」。

對我而言，約翰的療程是一堂眞正的心靈課程。在前世回溯的領域裡，平行人生是個嶄新觀念。事實上，在靈性覺察來說也是先進的觀念。我在約翰的催眠過程中像個探險家，進入未知的知識疆界。當時我不知道有沒有其他回溯治療師曾在工作上遇過平行人生，但是在那之前，我沒有看過任何與存在的同時性有關的書籍。就算看過也一定如浮光掠影般被我遺忘了，因爲我無法理解或有意識地處理這個觀念。更別提約翰是我的第一個非親友客戶！我的心中充滿了感激，因爲靈認爲我有能力進行如此意義重大的催眠療程。

約翰的催眠結束後，我很想把平行人生的觀念告訴全世界，但我有所猶豫。我憑什麼顚覆世人對輪迴轉世的理解？畢竟我的身分是代表上市公司的律師，不是心靈大師！然而，我一有機會就跟別人分享我的發現。只要聊到存在的同時性，我的聲音總是藏不住熱情。無論我走到哪裡，我在催眠時的發現總會引發具啓發性的對話。討論約翰的回溯以及轉世的眞相使我感到興奮。在這樣的時刻裡，我覺得自己緊緊融入眞實自我的能量，而且實現了啓發他人、爲他人的生命注入光芒的使命。

終於，我知道這世界和我都已準備好分享這項資訊。我現在知道我只會被給予我已準備好接受的，而且總是在我準備好接受它的時刻。因爲我允許自己分享發現，我成長爲今天的自己：一個勇敢發聲、與世人分享新觀念的人。靈從未懷疑過我，祂只是慈愛地等我累積足夠的信心去分享心得。

我清楚知道宇宙渴望這個觀念上的轉換。無論在什麼地方，人們也在一步步朝光的方向前進。在吸收與應用微妙的形而上知識方面，我們正在大幅進步。最重要的是，我們正在跨出舒適區，用嶄新而令人興奮的方式重新認識生命。瞭解時間是同時進行這件事，不僅有助於我們每一個人的靈性成長，也能擴展我們對於創造自我實相的覺察。

## 有意識地覺察同步人生

你可能覺得奇怪，爲什麼你無法有意識地覺察到正在同時進行的其他人生？答案在於人類大腦處理資訊的能力。人類的神經只能接收我們身處的今生，這能使我們保持穩定的自我感。要是我們能夠同時接收到所有超靈同伴的訊息，那自我會是多麼混亂的感覺啊！我們的大腦每天過濾日常生活中大量的環境資訊，大腦每秒處理四千億位元的資訊，但是我們只能覺察到其中的兩千位元。

就算資訊量只增加幾倍，也令人難以想像！那樣的資訊將令我們無法招架，失去處理能力。或許有人會好奇：「另一個我是不是中國哈爾濱的工廠工人？或是騎著駱駝的阿拉伯遊牧人？古代的夏威夷巫醫？我到底是誰？」有意識地覺察到自己居住的其他存在場域，這種情況極其少見。小孩子偶爾能夠自動連結其他世人生，不過就算如此，接收到的資訊也很簡短。他們可能會突然接收到一些資訊，但立刻又回到屬於自己的現實世界。人類也可以在夢境中連結到其他世人生，因爲夢境爲自我提供了一個可以安全探索的環境。

我們持續在與自己的超靈同伴及超靈溝通，只是我們並非有意識地覺察到這點。我們一直透過潛意識連結並在夢裡與他們溝通。儘管我們的意識並不知情，我們一直被超靈同伴的人生影響。他們的喜好、經驗、思想與決定都會影響我們。當他們探索他們的主題時，我們也能從中學習；反之亦然。我們互相協助。這種影響可能會表現在你無法解釋自己爲什麼喜歡特定的音樂、國家或食物。以我爲例，我特別愛喝味噌湯。我可以一天三餐都喝，而且日復一日，怎麼也喝不膩。當我發現我的超靈創造了一個碎片在日本轉世時，我一點也不意外，而且我跟日本的那個靈魂有很強烈的連結，它與現在的我都在探索類似的主題。

## 練習 超靈同伴的影響

一旦明白超靈同伴的人生是同時進行，我們就很容易理解它們的影響。當你與自己的其他人生連結時，你某些特定的感受、想法、受到啟發的時刻與不同的觀點會開始突顯。

在這個練習裡，你將透過記錄來探索這類的影響；請先準備好筆記本跟筆。找一個至少能坐二十分鐘、舒適又安靜的地方。做幾個深呼吸，感受自己的身體。覺察你此刻的感覺。如果腦袋裡有很多想法和情緒，就靜靜旁觀，慢慢地釋放。當你覺得自己準備好的時候，請拿起筆記本，寫下這些問題的答案：

■ 你有哪些無法解釋的好惡？例如你的父母覺得你很有意思的地方，是兄弟姊妹與朋友都沒有的特色？

■ 以你的人生經歷來說，你具有哪些技術或能力是無法解釋的？

■ 你是否覺得對某種語言、文化、食物或音樂特別有親切感？

■ 你是否覺得某個地方特別吸引你？當你到這個地方時，感覺熟悉嗎？例如你立刻知道該怎麼走。

■ 你是否對某個歷史時期特別感興趣？

■ 你有沒有對什麼目標充滿熱情或理想？

■ 你小時候愛看哪一類書？

■ 你小時候是否曾對父母提過自己的其他家人與人世？

■ 你有沒有無法解釋的強烈恐懼症或擔憂？

■ 你有沒有一直重複夢到的夢？

回答了上面的問題之後，請發揮你的想像力。這些影響各自代表什麼意思？你的超靈同伴可能過著怎樣的人生？在哪個時代、哪個國家？不要審查自己的答案，你只是在探索各種可能性而已。用輕鬆的心情想像平行人生與眼前的人生有多麼不同。

最後，在你思考了哪些可能是來自你的超靈同伴的影響後，請花幾分鐘的時間寫下自己的想法與情緒。你覺得興奮嗎？安心？害怕？或是很茫然？無論是怎樣的感覺，請把它寫下來。

## 你只存在於現在

在回溯的過程中，當畫面、感受與印象一一出現時，我們會出於直覺把自己視爲正在體驗的平行人生裡的主角。我們變成「另一個」版本的自己，從那個人的角度去看、聽、聞、摸、理解與感受，並用第一人稱的「我」說話。我們之所以能夠立刻認出並認同自己的超靈同伴，是因爲來自同一個超靈的靈魂會以相同的、獨一無二的頻率振動。

當我們回溯到另一世，我們會自動切換到那一世人生的能量與經驗，從本質上**變成**那一個人。我們與自身靈魂（超靈）的另一個延伸建立起連結，而它具有類似的振動、探索著相似的主題。我們對那個經驗感受深刻，彷彿那些喜悅和痛苦也屬於我們。這很合理，因爲那個人生是透過超靈去體驗，它是屬於超靈的，因此也屬於我們。我們跟超靈同伴實爲一體，因此當我們把意識投射到某個情況，把自己調頻切換成某一個人的時候，我們事實上就變成了那個人。

在催眠回溯的過程中常會聽見：「在我的前世裡，我是……。」這是一種簡便的說法，從某個角度來說，也是正確的說法。我們都是超靈的能量所構成。因此，任何由超靈創造的生命也是我們的一部分。

不過你也必須明白，今生是你唯一的一次人生，是超靈用你獨一無二的靈魂創造的人生。事實上，前世並不存在。你也沒有來世。你是獨一無二的意識表現，只存在於現在。其他存在永遠不會是你，你也永遠無法成爲其他存在。雖然乍看之下這兩個觀點互相矛盾，但靜下心來想一想，你就會發現它們是可以同時成立的。

你可能想知道在回溯的過程中，爲什麼會回溯到特定的一世。對我和我的客戶來說，這似乎是自動發生的結果。我建議客戶放心把自己交給那個擴展而富有智慧的自己和宇宙的組織能力。客戶的靈魂早就在跟他們的超靈同伴溝通，靈魂知道現在讓他們看到什麼對他們來說最有益也最重要。因此，回溯過程中切換的人生總是息息相關。我的客戶總能得到最適當、富有療癒和指引作用的成果。

你的超靈的其他人生在時間上並非處於靜止狀態。儘管我們認爲在線性時間軸上，早於此刻的人生已經過去了，但事實上它們尚未「結束」。它們仍然存在，而且正在進行和發展中。所以在你有意識的覺察之外，你的超靈同伴跟你分享想法與經驗是既自然又正常的事。然而，基於這份分享與能量的共同性，你的意識能夠感知到這些想法和感受。這就好像跟朋友或兄弟姊妹講電話一樣。你們在電話中分享經驗、提供支持與建議，當掛上電話後，你知道自己被對方的能量影響；你的感受不太一樣了，而且想法也有些不同。

這時候請把握機會提醒自己：在人生的旅途上，你不是孤立無援，你永遠是被支持，也一直受到指引。請記得你存在並運作於實相的多個層面，你是多次元的生命體；這樣的想法有很強大的力量。

所有的意識都同時存在。超靈所創造的生命存在於同一個永恆時刻裡。你可以把時間想像成一個濾器，意識透過濾器在這個星球表現它自己。因此，有些生命在被我們視為過去的歷史時刻或時代裡創造出來。超靈可以創造出生活在耶穌時代、十字軍東征或工業革命時代的生命，這取決於超靈想達到的目標。因此，接受回溯催眠的人可能體驗到發生在其他歷史時刻的人生而不是自己這一世。選擇回溯哪一個人生是由超靈決定，端視超靈想要探索什麼主題以及怎樣對靈魂的成長最有利而定。

## 此刻地球上有我的超靈同伴嗎？

如果超靈可以選擇在同一個時間框架裡（同樣的歷史時期）創造好幾個不同的生命，你可能會想知道此時此刻地球上有沒有你的超靈同伴。答案是「說不定」。這樣的同伴會是兩個或兩個以上擁有相同靈魂振動頻率的人；你們源自同一個超靈。你也可能甚至認識自己的超靈同伴，他們也許是你的情人、伴侶、朋友或敵人。

我有個客戶看見自己的前世是位男性，他在一座大莊園裡負責管理馬廄。他對自己的職務和馬廄的順利運作感到相當自豪。有一天女主人跟男主人要騎馬外出，他為他們準備馬匹。他並不知道自己為女主人選的那匹馬有條腿發炎，因此狀況不佳。雖然察覺到有些不對勁，但為了維持自己的聲譽，他還是選了這匹馬。結果這匹馬失足跌倒，女主人因而喪命。馬廄管理者由於這場意外被處死。在回溯那一生的過程時，我的客戶發現她不但是這位馬廄管理者，**也是**那位摔死的女主人。他們的超靈創造了兩個交會的生命，目的是從兩種觀點同時學習協調、注意以及為自己和他人負責。

一位回溯治療師說自己在為一位男性客戶回溯前世時，客戶看到自己是一個墮落、暴力、不討人喜歡的人。儘管他充滿缺點，但在那一世人生中，他娶了一個對他關愛倍至的妻子。在回溯的過程裡，他們發現這對夫妻是來自同一個超靈的靈魂碎片。超靈創造了兩個結爲連理的生命，從兩個觀點同時體驗家庭生活。透過作家珍・羅伯茲與丈夫羅伯特・霸茲（Robert Butts）傳訊的人格賽斯（Seth）也曾指出這對夫妻是彼此的超靈同伴。在《未知的實相》（*The Unkown Reality*）一書中，賽斯說珍跟羅伯特「扮演彼此的『對立面』，卻也爲了相同的意義與目標融合。」

蘇珊・瓦特金斯（Susan Watkins）在《與賽斯對話》（*Conversations with Seth*）書中詳述了自己與其他超感知覺（ESP）課程學員在珍・羅伯茲引導下所經歷的意識探險之旅。超感知覺課程深入探究同步人生的超靈同伴，賽斯曾告訴某些學員他們的超靈同伴是誰。蘇珊發現珍・羅伯茲、瑟爾達・葛雷登（Zelda Graydon）與理查・巴克（Richard Bach，《天地一沙鷗》的作者）都是自己的超靈同伴。爲了找出他們之間的相互關聯以及他們的經驗如何幫助超靈成長，蘇珊進一步探究這四個人的共通點和差異。

我們的超靈同伴跟我們的年齡、性別、種族、宗教或社經地位可能相同，也可能相去甚遠。超靈同伴之間的共通點與差異反映出靈魂爲超靈體驗主題的方式。我們的超靈同伴可能跟我們選擇了非常相似的道路，成爲我們的朋友與愛人；也有可能跟我們只是偶遇，在街上擦身而過、互不相識。我們很可能終生不會遇到自己的超靈同伴。我們或許會討厭或不認同超靈同伴的個性與選擇，也可能跟超靈同伴屬於不同種族、文化或強烈反對他們的政治背景。這些都不會削弱我們彼此之間的關聯。事實上，所有的人類都緊密相連；在地球上沒有陌生人。

## 練習　如何辨認超靈同伴

我相信你一定很想知道，你生命中的哪些人可能是自己的超靈同伴。做這個練習的時候，請不要讓任何浪漫的念頭影響你的直覺，例如超靈同伴是讓人生圓滿的另一半之類的想法。雖然你的另一半就是你的超靈同伴的確如童話般浪漫，但是這樣的想法反而會阻礙你看清自己與愛人和其他人之間真正的靈魂連結。

賽斯在《未知的實相》一書中提出辨認超靈同伴的建議方法：

我在珍．羅伯茲的課堂上聊過超靈同伴。許多學員在嘗試了解這個概念時變得極度認真。有些人要我幫他們找出超靈同伴。有一個學員……幾乎什麼話也沒說。當他在想這個概念時，他讓自己盡情發揮創意的想像。從某方面來說，他的作法跟小孩子很像：開放、好奇、充滿熱情。他因此發現了幾個超靈同伴。多數人都太過認真了，認真到連他們自己都懷疑自己的想像。

當你準備好與自己的超靈同伴連結時，請帶著輕鬆與好奇的心情。挪出二十分鐘絕對不會被打擾的時間，舒服地坐著，把筆記本放在旁邊。深吸一口氣，然後閉氣，接下來慢慢地吐氣。同樣的深呼吸再做兩次，用心去感受自己的身體漸漸放鬆。接著，想著你要與超靈同伴連結。不要有任何特定期待，甚至不要非得到答案不可。注意腦海中浮現的畫面與想法。有沒有什麼地方或什麼人特別吸引你？

賽斯建議我們用孩子般輕鬆愉快的心情做這個練習。記得，正確與否並不重要。讓想像力自由無拘。

如果要你想像自己的超靈同伴，你覺得可能是誰？相信你自己。在你的內心深處早有答案。你早就有所有的資訊。讓「誰是我的超靈同伴？」這個問題在心裡隨意流動，把注意力放在自動浮現的想法與畫面上。然後，當你覺得自己準備好時，慢慢地把意識帶回此時此刻。

寫下任何念頭、感受、畫面與想法。如果你認為某個認識的人是自己的超靈同伴，花一點時間寫下你們之間的共通點與差異。你們的童年是否有相似處？是否具有相同的性別與社經地位？有沒有類似的宗教背景？有沒有共同的興趣或挑戰？是否以自己的方式各自完成類似的課題？

如果你看見的超靈同伴的影像是陌生人，請認知在合一裡，我們都是連結的。

最後請從你的心將一顆充滿愛的能量球送給這些人，感謝他們作為你的靈魂延伸。

這個經驗能夠讓你發現自己是一個不可思議、多面向的存在。

我已經分享了一些可以擴展覺知和心智的想法。靈魂體驗的人生不是「前世」而是「同步人生」，這是一個嶄新的概念。接著請讓我帶領你繼續深入探索意識，向你介紹平行實相（parallel realities）的概念：你的可能自我。我將在下一章分享我個人最強烈和感動的回溯經驗之一。一如所有的冒險之旅，這是一個充滿挑戰、危險、熱情與偉大啓示的故事。

# 第三章　每個選擇都會創造一個新的實相

我在共產主義統治下的保加利亞長大。無神論是共產主義思想的核心價值，所以政府無所不用其極打壓和消滅保加利亞東正教。於是宗教與神祕主義在我的早期童年裡完全缺席。我從未聽說過上帝、天使或永恆的靈魂。

一九八〇年代晚期，民主革命的浪潮橫掃東歐。我清楚記得一九八九年十一月十日晚上發生的事。我坐在沙發上跟爸媽一起看電視，幾個小時前柏林圍牆倒下了。在保加利亞共產黨中央委員會現場直播的會議上，已在任三十五年的保加利亞總統被迫辭職。總統臉上的震驚在鏡頭前一覽無遺。父親坐在我的右手邊，他難以置信地跳起來大叫。坐在我左手邊的母親也發出驚呼。他們對望一眼，然後目光又回到電視上。九歲的我還搞不清楚發生了什麼事。儘管如此，我知道這是一件大事，非常非常重要的大事。

這場政變帶來許多社會與經濟改革，包括宗教與哲學觀念的湧入。這些觀念長期受到壓抑，因此人們對這類知識充滿渴望。各式各樣的心靈資訊唾手可得。復活節可以上教堂，談論能量療癒與鬼怪也不用再害怕。

我十三歲的時候第一次偶遇自己的人生目標與熱情：前世回溯。當時我的叔叔偉斯林．帕斯列夫（Veselin Pasliev）正在看布萊恩．魏斯的《生命輪迴的前世療法》，我等不及希望他快點看完好把書搶過來。那時候我無法解釋自己的熱切渴望，但現在我知道那本書就像帶領我走上這條人生道路的路標。雖然我是第一次發現輪迴轉世的觀念，但是我對這種可能性毫無質疑。它看起來很自然也很正常。伏爾泰說：「活兩次跟活一次一樣不值得大驚小怪，大自然的一切都是生死循環。」

我很喜歡布萊恩書裡的故事與智慧，也很喜歡書中提出的各種可能。我眞的太喜歡這本書了，於是在看最後幾頁的時候，我決定一邊念出部分內容一邊錄音，我要親身體驗前世回溯。我記得當時心想：「我才十三歲。我的生活沒有任何問題，我沒有恐懼症也沒有病痛。爲什麼我會做這件事？」但是前世回溯的吸引力非常強大，我無法抗拒。

我完成錄音，把錄音帶倒轉到開頭。我不知道前方在等著我的是什麼，但是我依然按下了「播放」鍵。我聽著錄音徹底放鬆，感到十分平靜舒適。但是當我穿越時間、進入另一個生命之後，一切就改變了。

我進入一個正在逃命的女人身體。我變成她，我的心臟因爲恐懼狂跳不已。我呼吸急促、充滿絕望。我非常害怕。我在燈光昏暗的走廊裡奔跑，有幾個男人正在追我，他們一捉到我就會把我殺掉。我穿著夾克跟一條厚厚的灰色羊毛裙、黑色長襪和短跟黑鞋。深色長髮梳成乾淨的包頭。

我奔跑的腳步聲迴盪在磚牆，走廊兩側各有一排房門，我急切地試著打開每一扇門。所有的門都鎖住了，直到盡頭才終於轉動了一扇門的門把。我走進那個房間，裡面空無一物，只在高高的天花板上有個窗戶。這裡沒有出口，我知道我被困住了。他們一定會捉到我。

我清楚知道自己爲什麼會落入這樣的處境。此時正值二次大戰，我的身分是一位醫生。我負責治療一位納粹將軍，但我卻毒殺了他。所以這群男人才會追捕我，他們想要報仇。

下一個場景是我從上方往下俯瞰。我看見自己被綁在電椅上死於極刑。我不覺得痛苦。我只是靜靜旁觀。

接著發生了一件美麗的事。我看見我的靈魂從身體裡升起，慢慢往上飄升。它似乎追隨著一道白光。白光的盡頭有一扇敞開的門，耀眼的白光從門內傾瀉流出。門旁站著一個閃耀著愛與光芒的存有，它正在等候我的靈魂。我感受到平和與愛。我覺得自己是永恆的存在。

「你需要學習的課題是什麼？」喇叭傳出我自己的錄音。當我感覺到這個課題和領悟裡蘊含的單純與深意時，我流下了淚水。這份領悟是：秉持良善，付出關愛。

那天晚上我充滿期待地等母親下班回家。我把前世回溯的經驗告訴她。對年幼的我來說，一九四〇年代宛若遙遠的古代，我問母親二次大戰時期是否眞有電椅。她說是的。我從來不覺得有必要進一步驗證這故事的眞實性，它讓我感到眞實無比和感傷，所以我對它深信不疑。我不需要證據來證明自己的親身經驗。

有趣的是進行這次回溯的時候，我才十三歲。神祕主義者相信十三是代表改變與轉化的數字。這個數字要求你檢驗自己的基本信念，允許你對人生定義做出改變；據說你的世界觀與整體存在也會隨之改變。

毫無疑問地，我的第一次前世回溯對我的人生產生巨大衝擊。秉持善良與付出關愛成爲我最重要的處世原則，我的每一步、每一個選擇與每一次對話都受其影響。我甚至因此發現父母爲我取了一個再恰當也不過的名字。我的本名是多布蘿米拉（Dobromira），由兩個斯拉夫文字組成：*dobro*意指「善」，*mir*意指「平和、世界」。在那次前世回溯之後，我決定當一個爲世界帶來良善的人。

## 故事尚未結束……

許多年後，我的納粹時代人生故事又有新進展，當時我正在參加布萊恩．魏斯的課程。在一次團體回溯的療程中，我腦海裡浮現一條長長的路，兩旁種著樺樹。我是個年輕女子，行走在這條安靜的鄉間泥土道路上。我手裡提著一只小行李箱，頭上包著方形頭巾。我正要離開村子前往聖彼得堡念醫學院。離開前我在墓園停下腳步，向親友們的墓碑致意。我心情沈重。我知道自己可能多年後才有機會返鄉，或甚至永遠回不來了。

我在大學裡被情治單位招募。歐洲的風暴正在醞釀，甚至傳出開戰的風聲。我被送到歐洲當間諜。身爲一個善用魅力的美麗女子，收集情報對我並非難事。有一個鮮明的場景是我坐在一台小型裝置前，把編碼過的資訊傳回蘇聯。

我發現我經常造訪一家美國人很愛去的夜總會，希望能碰到某位男士，後來我終於跟他邂逅。但令我驚訝的是，我發現我對他的興趣已與工作無關，而是因爲我愛上了他。他也愛上了我。

下一個場景是雄偉的行政大樓前一排寬廣的階梯。我接到命令，必須前往另一個歐洲城市，所以我來跟心愛的男子道別。他求我不要離開，並且向我求婚。雖然我很想嫁給他，但是我無法留下來。我已經誓言要把我的生命、我的愛與心都獻給國家。我對他說，當他回到美國的家族農場時，一定會娶到一個好女人，養兒育女、一生幸福。但是我的心已碎成片片。我含著淚水說了再見，然後快步走下階梯，衝向等待我的那輛車。

後來我嫁給一個位高權重的納粹軍官，這對我的工作大有助益，也讓我得到保護。二次大戰爆發後我持續行醫，病人大多是納粹軍官。我收到暗殺一位高階納粹將軍的命令，我正在為他治病。我看見自己站在桌前，桌上放著一杯水。我手裡拿著一小罐粉末。將軍坐在我身旁的椅子上。我抬頭望向天花板，一秒鐘猶如永恆般漫長。我對自己將要做的事情感到極度不確定。但是我別無選擇。我把粉末倒進杯子裡。我給將軍的不是良藥，而是毒藥。

這裡銜接上我小時候回溯過的前世。我再度看見自己在走廊上奔跑，最後遭到逮捕。因為我現在長大了，也比較能夠承受那些痛苦的場景，所以我的高我允許我目睹那些殘忍的拷問過程。我有沒有供出祖國的情治網路？沒有。直到最後一刻，我都堅稱自己是單獨行動。我一次又一次地受到毆打、虐待和審訊，拷問的過程不斷重複。唯一值得慶幸的是我沒有遭到強暴，因為我的丈夫是納粹軍官，他們不想跨越這條界線。最後，就像我多年前看到的一樣，他們把我放在電椅上處死。

我的靈魂飛升，我也再次明白那一世人生要學的課題是愛，是必須以愛去面對各種情況，同時也要允許自己得到愛。我知道那一生的安排就是爲了讓我有機會在那道階梯上選擇愛，同意那位美國士兵的求婚。但是我選擇了效忠國家的誓言。在我離開後，美國士兵變得了無生趣。我的離去打碎了他的心靈。我看見他死在泥土壕溝裡，他在與納粹對戰時額頭中彈。

在這場前世回溯的幾個小時中，我極度激動。我的超靈同伴，那位醫生，居然傷害了另一個人類，這使我內心充滿悔恨。她知道毒殺將軍是錯的，卻陷在責任與義務的有限感知裡。她覺得自己被局勢逼入絕境，所以做出有違本能的行爲。雖然我知道生命是永恆的，但我提醒自己，每一次人生都以珍貴無比的領悟豐富了靈魂。我知道我可以，也更願意以正直行事，我寧可不傷害他人，這件事本身就是一個珍貴的課題。

儘管如此，我對我的超靈同伴沒有領悟到愛深感遺憾。我清楚知道在她抵達歐洲之後發生的每一件事都是爲了鋪陳階梯上的那一刻，目的是讓她有機會選擇愛。我覺得她浪費了一生。她逃離愛，也逃離自己，只因爲她發誓要爲國家無私奉獻。

反思這段經驗，我對自己此生所得到的愛懷抱著感恩。我的靈魂必定選擇了在目前這一世體驗和學習愛，因爲對我來說，創造充滿愛、光與啓發的環境是最有意義和成就感的事。而其中一種方法就是幫助別人體驗他們的其他世，並從而了解他們身旁的人事物。

我的人生有幸擁有一段情感深厚的關係，但是我的另一半有兩個非理性的深層恐懼。第一個恐懼是失去我，第二個是額頭遭到近距離射擊。

有一天他問我：「你有沒有在前世見過我？」我說有，然後把我當俄國間諜的故事告訴他。我發現我從未向他提過我在回溯時看到他的死亡畫面：他倒臥在壕溝裡，跳起來朝敵人開槍時，額頭中彈身亡。聽完我說的故事後，他說他在遇見我之前曾經重複做同一個夢很多年。

「夢境非常眞實，所以我到現在依然記憶清晰。我在一場戰役中被子彈射中，倒臥在壕溝裡。我身旁也有其他被殺死的人，有幾具屍體堆在我身上。敵軍四處走動，尋找並射殺活口。我努力裝死，以免被發現。但最後他們發現我還活著，所以殺了我。」

我們凝望彼此，感受到一種深刻的連結。另一世的俄國女子給了自己第二次機會去愛她曾經認識的那位美國士兵。

## 可能自我的平行實相

在布萊恩．魏斯的課程上，當他帶領小組再度回溯前世的時候，我很快就進入狀況。我看見那一個學醫後成爲間諜的俄國女子。我坐在一個小機場的候機室裡。我知道我的身分是空服員。怎麼可能？我的內心發出抗議。我以為我已經確知那一世人生是怎麼回事！

我穿著藍色制服，附近站著其他空服員，他們都說俄語。我聽著他們閒話家常。我們上了飛機後開始工作。乘客都是政府高官。我負責送飲料，把一杯伏特加遞給史達林；我對他感到厭惡。他是一個粗魯無禮的人，手指粗大。我走到駕駛艙送飲料給機師。副機長是一位金髮碧眼的男子，他叫塞瑞奧加，是我的未婚夫。我深愛著他，也非常期待跟他共組家庭、生兒育女、共度一生。

我的心智無法理解眼前的情況。我提出質疑：在我的這一世，這個女人不是間諜嗎？這到底怎麼回事？我立刻明白當她被指派一項歐洲任務時，她拒絕了。後來她成爲史達林飛行團隊的一員。她一輩子都活在不滿足的情緒中。她經常問自己如果當初接受了那個歐洲任務，是否能爲親愛的祖國做出更大的貢獻？

催眠結束後，我感到十分困惑。我不知道爲什麼會這樣。事實上，這麼多年來我一直刻意無視這個版本。每次分享這個俄國女子的人生時，我只會提到她成爲間諜。空服員的人生一直塵封在角落，等待有天被打開並釋放藏在裡面的恩賜。

我所經驗到是同一個人的兩個可能人生，而且這兩段人生同時存在。當這名俄國女子決定是否接受歐洲任務的時候，她的實相分裂出至少兩個發展方向：一個是接受任務，另一個是拒絕任務。不難看出這兩個方向會創造出兩種截然不同的人生，所以我的回溯才會出現兩種版本。我猜想同步進行的平行實相不只這兩個，在其他版本中她可能從未有過這樣的選擇，而她的人生便往另一條路發展。

我們每一個人都同時有許多個「可能的自我」存在於此刻。想像未來的各種潛力很容易，但是過去也曾有被錯過的道路。此時此刻，過去的可能自我正在等待出場的機會。請記得，過去尚未發生、仍未結束。它只不過是另一條時間河流，此刻正被創造開展。

你可以用一棵「決定樹」來想像。每當走到選擇的岔路時，我們的意識就會分裂並體驗所有可能的版本。每個平行自我創造屬於自己的經驗，然後繼續發展出更多可能性。每一個重要決定都是如此，例如要上哪一所大學或是要不要跟現在的交往對象結婚。單純的日常選擇也是如此，例如早上要不要喝咖啡或是走另一條路去上班。

我第一次聽到可能的自我平行存在的概念時，立刻對它有一種出於本能的深刻理解。我知道無論是上帝或超靈，不會只想選一條路來體驗有限的人生。否則的話，這至高無上的力量將會徹底浪費了自己的能力，祂將無法實現不斷體驗更多的創造的動力。我知道你們也會出於直覺地瞭解，探索不同的可能性會如何創造出平行實相。

## 科學的解釋

接下來請讓我跟你的理性邏輯心智聊一聊，爲平行存在的可能自我提出科學解釋。有一個叫做休．艾弗雷特三世（Hugh Everett III）的偉大天才在一九五四年提出一個量子力學理論，這個理論描述了平行宇宙的觀念。當時這個理論被視爲過於極端，遭到知名的物理學家們的抨擊。現在平行宇宙理論已多方應用在各種科技領域，並且受到廣泛認同。

簡言之，「多重世界」理論主張各種可能性都會發生。每一個事件分裂成不同的實相，觀察者或存在於事件裡的人也會隨著身處的世界分裂。在觀察者觀察事件的那一刻，觀察的行爲創造了事件；觀察的行爲也爲事件各種可能的版本創造了一個分支，它們在分支裡形成一個平行實相，每一種版本也各有各的觀察者。

近年來，科學家已證實主宰量子世界的法則也適用於人類大小的物體。量子物理學家艾倫・歐康納（Aaron O'Connell）製造了一個肉眼可見的物體，這個物體可以同時處於振動與非振動狀態。這意味著它同時位在兩個不一樣的地方。這種雙重存在的狀態（dual existence）過去僅在量子粒子身上證實過。

靈魂隨著你做的每一個選擇不斷創造。你一直面臨新的實相，也就是探索各種可能性的新的「你」。你的靈魂不受時間限制，因此新的可能性隨時誕生；無論是在你的過去、現在或未來。

你的意識沒有覺察到的其他版本（不是你正在「觀察」的版本）存在於另一個振動層級上。每個版本都有一個「你」。其他版本的你過著同樣眞實無比的生活，就像你活在自己的實相裡一樣。你所覺察到的人生經歷跟他們都一樣，直到意識分裂的那一刻爲止。那一刻，你和其他的自我會因爲你的選擇而面臨不同的可能性。

新的過去隨時可能出現，你對它的體驗將自然到不知不覺的程度。在你自己都沒發現的情況下，你將會轉換到另一個截然不同的實相裡，而那段新的過去原本就是你人生的一部分。

## 卡莉拉的故事

接下來我要分享的案例將告訴我們，我們隨時都可能創造新的可能性。我們永遠可以做出不一樣的選擇，創造最棒的人生。卡莉拉的故事是最好的例子：片刻的選擇可以在實相中創造一個分支。

卡莉拉的父母很年輕就生下了她。他們覺得自己無法好好養育女兒，所以就把她送進寄宿學校。卡莉拉是個好學生，朋友也很多，但她並不喜歡學校裡必須遵守的諸多規定。她後來成爲成功的律師。她很努力工作，繼續循規蹈矩的生活。她結婚生子後，過得相當幸福。可是她依然有一種遺憾的感覺。我問她爲什麼，她這麼回答：

卡莉拉：我想做更富表現力的事，無需遵守時間跟規定，例如跳舞。我想跳舞。我想站上舞台。但我是很晚了才知道。那時我已結婚生子，必須遵守的規定更多了，因為我必須餵孩子吃飯、送他們去上學……我過得很幸福，家庭美滿。然而內心深處總有一個小小的火花，它希望能有機會表達自己。不過我還是很快樂的。

我向來在客戶的療程中得到很多指引，在催眠卡莉拉時，直覺告訴我探索另一個版本的人生對她會很有幫助。我引導她回到發現內心有另一個渴望可能令她更快樂的那個時刻。我要她看看實現了渴望的人生會是什麼模樣：

卡莉拉：我開始學跳舞，還有一個歌唱訓練師。

米　拉：你還是律師嗎？或是決定不念法律了？

卡莉拉：我決定不念法律。我有一段休息的時間能做決定，雖然有機會念法律，但是我選擇放棄。我決定走另一條路。我練習得很勤，我選自己喜歡的課。我有機會站上舞台展現練習成果，表現自己。這感覺很棒，因為一切都不是我刻意安排的，我只是忠實表達自己。我知道這條路是對的。我並不需要刻意去琢磨什麼。我知道我的身體應該做這些事，我應該唱出這些歌詞。知道自己可以站上舞台的感覺很棒。我很喜歡練舞，因為那是表達內在自我與生命喜悅的一種方式。站上舞台表演也一樣。我很開心，因為觀眾也喜歡我的表演。他們喜歡我表現得那麼自然自在。他們很高興，因為我願意把當下的感受表達出來。

米　拉：太好了。你有沒有認識什麼人，然後結婚？

卡莉拉：我遇到某個人。我們經常旅行，去探索不一樣的地方。他的表達能力也很好。他知道如何表達自己，而且個性溫柔。最後我們結婚了，但我們先去體驗了新的事物，我一直想嘗試的事情。

米　拉：對你來說，這是一段美好的關係嗎？

卡莉拉：是的。我想不會有比這更棒的關係了。我覺得我無法想像……這好像是我第一次談戀愛。我不知道世上能有這樣的感情。

我請卡莉拉比較一下兩種人生版本，然後告訴我這兩個版本裡的丈夫是不是同一個人。她說這兩位丈夫不是同一個人。一位比較拘謹，跟她一樣。另一位比較心胸開闊、隨性和寬容。但她說，這是因爲她選擇了不同的道路。在她爲自己選了不同的路之後，她於是能找到符合她內在需求的那個人。催眠繼續進行：

米　拉：透過這兩種版本，你有什麼領悟？

卡莉拉：最大的領悟就是我「允許」自己。我的人生目的是在人生路上開放心胸，

「允許」事情發生並傾聽。人生充滿了各種可能。它們就在那裡，你可以體驗每一刻，並且只是單純地存在。我在另一個版本裡學習了各種規則，也因此繼續遵守規矩。我吸引的人也是聽話的人，我們把這樣的特質傳給孩子。「允許」可以改變一切。我最初的改變來自我用心聆聽，然後「允許」建議帶領我前往不同的世界。

米　拉：你用心聆聽自己的那一刻有什麼不一樣？

卡莉拉：那只是讓自己放下與聆聽。我在另一個版本做自己該做的事，但那樣反而阻礙了我。如果我早點停止那麼做、並允許更多（可能性），我就會聽到原本該發生的事。

在聆聽與允許的那一刻，卡莉拉變成截然不同的另一個人。她感知到新的可能性，擴大了對自身潛力的信念。光是如此，就足以使她展開全新的人生。

## 成為另一個人

量子力學告訴我們，每一個時刻都是全新的時刻。它告訴我們事件之間沒有連貫性，每一個事件都是獨立事件。但是人類心智擅長製造流動的時間，於是事件之間出現了因果關係與連貫性。因爲我們的感官無法體驗多重實相，所以我們理所當然地以爲生命行走在一條單一軌道上。

切換各種可能性的能力，（也就是持續地允許人生出現改變）是與生俱來的，我們通常不會發現我們已經變成一個全新的人。當我們切換到另一個全新的實相，感覺就像是做了一個選擇而已。我們似乎一直都是做了這個選擇的人。回顧過往，我們甚至還能指出是哪些事件讓我們慢慢變成現下的自己，但其實讓我們變成現下自己的，是我們的信念、思想以及對可能性的期待。是它們將我們帶入與振頻相符的可能性實相。

我清楚記得有一晚跟朋友吃飯時聊到平行實相。一年前我決定不再朝法律事業發展，全心投入我熱愛的心靈工作。坐在餐桌時，我觀察自己。我發現我對回溯治療師這個身分的認同感越來越強。不只如此，我覺得當律師的人生彷彿從未存在過。身爲回溯治療師的我覺得自己好像從未當過律師。當我回憶童年歲月，我甚至可以列出每一個指出我跟我的新事業有關的事件。我彷彿是註定要成爲一位回溯治療師。

我們從容優雅地從一種可能性走進另一種可能性，天衣無縫地把它們融合在一起。我們選擇的每一個可能性都會創造一個「過去」，每個「過去」似乎都會自然而然發展成「現在」。所以對我來說，我**一直**都是個回溯治療師，我很難想像自己當過律師。

不同可能性的轉變對本人來說，通常都很微妙難查，然而身旁的人總是會注意到改變。我們都有過這種經驗：與久違的朋友重逢時，發現他們似乎有些不一樣。我們無法明確說出哪裡不一樣，但那種新能量非常明顯。最近我跟一位幾個月沒見面的朋友碰面，她隨口問：「你好像變了，是換了髮型嗎？」從我們上次碰面到現在，我的頭髮確實長了一點，但她接收和覺察到的其實是我在釋放情緒與療癒後的結果。這些內在變化使我提升到更高階的擴展層次與新的實相裡，而她也感覺到了。

也有時候我們在人生中經歷重大的改變，像是新工作、分手等等，我們把這樣的改變歸因爲人生的叉路，而事實上，它們卻是實相的切換。但這樣的情形很罕見。更常的情形是實相間的轉變很微妙，微妙到我們甚至不一定會注意到。

你的靈魂渴望新的成長機會，所以它想要創造新的途徑來表達創意的能量。你的各種可能自我讓它的渴望得以實現。

你的現在（你目前所體驗到的一切），都源自過去的可能實相。有取之不竭的可能性供你選擇，並且轉換到成長與擴展的方向。而你爲什麼會在眾多選擇中選擇某個特定的可能性呢？答案很簡單：信念創造實相。

對你來說，可能與不可能都是以你對自己的信念來定義。你的信念就像一個濾器，只允許符合自我形象的可能性進入意識。如前所述，大腦每一秒處理四千億位元的資訊，但是我們只能覺察到其中的兩千位元。可能的實相無窮無盡。每一種情況都有無數種呈現方式。在每一個實相版本裡，每一種可能性都會發生。然而你的意識只會從無數的可能性當中選出符合自我認同的道路。因此，當你改變自我認同時，你的生命體驗也會隨之改變。新的可能性永遠都存在。

❖　❖　❖

身體的狀態也會隨著你的信念變化。布魯斯．立普頓（Bruce Lipton）在《信念的力量》（*The Biology of Belief*）一書中探討細胞生物學與量子力學的關係。他證明DNA的表現方式會受到思想能量的訊息左右，包括正面與負面能量的訊息。一旦我們改變送往細胞的訊息，DNA也會跟著做出調整。

回溯催眠最大的價值之一是它能幫助人們轉變信念。當人們轉變自己對性格、能力、身體和關係的信念時，生命體驗也隨之改變。曾經有一位女士來找我，是她的成年子女安排我們會面。她一走進我的辦公室就委婉承認自己不相信我能幫助她，來見我只是爲了讓子女放心。畢竟她已接受多年治療都無法改變現況，我的一次回溯療程又怎麼可能有幫助？離婚十八年以來，她的生活、經營新感情的能力與健康依然受到負面情緒影響。

無庸置疑，這是一次深刻又感人的療程。催眠結束時，我引導她回到正常的意識。我問她感覺如何。她張開眼睛看著我，帶著突然間一切都改變了的神情。「我有種轉變的感覺，」她說，「像一個完全不一樣的人。」

她說得沒錯。她不再是療程前的那個人。其他世的人生經驗改變了她對自己、對愛情以及對健康的信念。她的世界改變了。我鼓勵她相信這會是永遠的轉變，要她以全新的自己去生活。

## 如何有意識地選擇新的可能性

我們生活中的每一個事件都曾經只是個可能性而已。是我們的選擇把事件從無窮的可能性之中挑出來變成具體的實相。把新的可能性想像成未來的潛力比較容易，我們比較難想像過去也有新的可能性等著被發掘，但這是千眞萬確！因爲過去、現在和未來都同時存在，所以過去也有新的可能性等待著被表達。現在所創造的新情況、能力與健康狀態，也會產生新的過去。由於人類意識處理可能性是基於連貫性，我們幾乎無法覺察產生於過去的新實相。然而創造實相的機制是存在本質的一部分，我希望能協助你熟悉這個觀念，這樣你就能用它來創造最棒的人生。

此時此刻是你創造人生的唯一時刻。此時此刻的你有能力影響過去和未來，創造出你渴望的改變。只要你在現在改變信念，你就能改變存在於過去的細胞結構與能量場。現在所釋放的情緒問題與負面信念將會影響過去。你存在於過去某個時間點的心理要素與身體狀態會隨之改變。症狀雖然是在現在得到緩解，但一個新的過去也因此產生。在這個新的過去裡，你從未有過那些症狀，或是症狀會輕微許多。

如果這些觀念太新、太難消化，讓我借因果關係來說明。如果此時此刻的你有些地方不一樣，可能是因爲過去出現了改變。特定的過去導致特定的現在。你在現在的改變是自動來自一個新的過去，因爲只有**那個**過去能產生這樣的現在。

對健康和身體狀態抱持強烈的新信念就是一例。這樣的信念會創造對健康與生命力的新想法，而過去的細胞會吸收這樣的新想法。由於一切都是同時發生，現在的任何改變一定會影響過去與未來。這就好像細胞的舊記憶被取出，然後注入新記憶。一個健康的新實相在過去誕生了，而它也成爲我們的過去。我們現在的細胞開始反映出我們對健康和活力的態度。我們選擇了一個健康的新實相，而不是生病的實相來回應信念。我們幾乎不會覺察到這樣的轉變或切換，因此當現在的健康突然好轉，我們通常會稱爲「奇蹟」。但事實上它證明了我們擁有創造人生的力量。

同樣的方法也適用於潛在的能力。想一想你有哪些技術和才華沒有好好開發，它們每一個都是有機會實現的可能性。一旦實現，這些新的表現與創意途徑就能豐富你的生命。只要選擇讓這些才華成爲你的人生與自我認同的一部分，就能讓它們成爲你的生命經驗。

每天想想這些才華，運用想像力，專心想像它們如何爲你帶來喜悅。你的注意力和意圖可以創造新的過去，而在新的過去裡，這些才華會成爲你的人生經驗，你對過往記憶的回應也會因此改變。在你創造的未來，新的過去將成為你自我認同的一部分。

我們每個人對過去新時刻的記憶方式都不同。有些人的記憶銜接得天衣無縫，彷彿新的心態或信念一直存在。有些人會創造出較為衝突的認知，他們記得兩種版本的過去，或是建構了過去的新記憶，但本身對這些新記憶有所**覺察**。每個人對自己創造力的覺察並不同，也各有原因。

## 重塑過去

在寫這本書的過程中，我愈來愈明白我寫下的文字不斷以各種方式反映或實現在我的日常生活中。因此在我寫到喚醒潛在才華的時候，我自然而然地發揮了自己的潛力。接下來的故事跟水有關。

我小時候跟水有關的經驗包括偶爾去海邊度假，還有七歲的時候上了長達三個月的游泳課。因為難得有機會玩水，所以我每次跳進水裡都很開心。但是游泳似乎不太吸引我，尤其是在海裡游泳。海浪的強大破壞力使我恐懼，而且大海跟游泳池不一樣，在海洋裡我看不到身邊的環境，不知道旁邊有些什麼。這兩種恐懼加起來，讓我覺得大海不是一個自在的環境。

在我搬到茂伊島之後，這樣的恐懼浮現是必然的。出於我的危機意識以及對大海缺乏興趣，我抵達茂伊島整整兩週後才決定跳進海裡。剛下水的我當然只敢緩慢移動，還冷得全身發抖。在海裡游泳時，我的覺察像雷達一樣向四面八方擴散。我很怕會有海底生物接近我、嚇我或甚至咬我。正當我開始鼓勵自己做得很好、海裡很安全的時候，我感覺到有東西進入我的個人空間。我沒看到任何異狀，所以我再度提醒自己這裡很安全。過了一會兒，一位在我身後浮潛的女士突然抬起頭來興奮大叫：「你身下有一隻大海龜！」我立刻驚慌失措地衝上岸。我泳技不佳，游得不快；這使我更加慌亂。雖然我心中有個聲音說：「米拉，那只是一隻海龜。牠不會傷害你。」但是我一心只想衝回到沙灘上。

上岸後，我鬆了一口氣。猜猜接下來我做了什麼？我跑到水邊去看那隻海龜！我以前從沒看過海龜，回到安全的陸地上之後，我恢復了好奇心！我忍不住嘲笑自己，是眞的哈哈大笑。就在那個時刻，我決定自己必須改變對大海的態度。

我想到自己尚未被喚醒的游泳潛力。我選擇發展自己的游泳潛能。由於想像力加上強烈的渴望可以創造出新的實相，因此我想像自己小時候上完游泳課後一直保持游泳的習慣。我允許自己想像我擁有截然不同的過去，一個經常游泳而且泳技很好的過去。我的行爲漸漸變成擁有那個新過去的人。我想像自己是個小女孩，把握每一次游泳的機會。我想像如果游泳是生活的一部分，我的過去會是什麼樣子。我想像自己加入游泳隊參加比賽。我想像自己一直熱愛游泳。

每次到了海邊，我就會向海底生物傳達愛與和諧共存的想法。我在心裡對大海說話，感謝它一直愛我、照顧我；這麼做給我安全感，讓我覺得受到保護。忽然之間，我已迫不及待要跳進海裡。我可以毫不遲疑地下水，不像以前那麼緩慢痛苦。我買了浮潛裝備，欣賞美麗的海底世界。我漸漸認爲自己就是個游泳高手。當在水裡擺動四肢的時候，我想像自己姿態優美。我開始觀看電視上轉播的游泳比賽。我的想像力與思想無所不用其極地爲我專心營造熱愛游泳的自我形象。

這一切使我能以全新的角度看待自己。它爲我創造了喜悅與擴展的空間，讓我對下水游泳充滿期待。我不再懼怕海浪的力量，我把海浪視爲一種創造力，我的能量與創意可以跟這股力量融合。我在這樣的時刻感受到蓬勃的喜悅，也覺察到我本身的力量。我不再擔心看不到身旁的情況，我知道我是安全的，我在海水裡舒服自在。我用不一樣的目光看待過去的游泳經驗，然後在現在感受到截然不同的影響。身爲游泳高手的新信念重塑了我的過去，創造了一個讓現在更豐富的經驗。

請提醒自己，「信念」只是你接受爲眞的假設。只要把它們當成可以輕鬆改變的想法，你就已經踏上改變實相的路了。

你的人生道路不是固定的。你的經驗只不過反映了你所相信的可能性。有無窮的可能行動供你選擇，無窮的可能實相供你切換。無論你的渴望爲何，你都可以在一個可能的實相裡實現渴望：財富、友誼、健康、舒適的家、充滿愛的伴侶關係等等。有一個可能的「你」會得到各種幸福，你只要把意識與那樣的可能性融合在一起就能實現。

## 練習　如何轉換進入你想要的實相

這個練習能幫你轉換到一段平行實相，讓你體驗實現渴望的人生。本練習分為兩個部份。第一個部份是安排一段安靜的時間，透過記錄的方式探索。第二部份是持續練習。

一、給自己三十分鐘坐在一個安靜的地方，準備好筆記本。用幾分鐘的時間沈澱心靈。想一想現階段人生中想要轉變的某個情況。你知道信念是創造實相的藍圖，請檢視一下人生現況的核心思想。記住，信念只是一個想法，一個你接受為真的觀點。問問自己，你的哪些想法使情況成真。寫下與你的現況有關的信念。你會發現有幾個信念顯然是你的核心信念，因為它們重複出現且充滿情緒。其他信念也彷彿都能追本溯源到這一、兩個核心信念。你列出的其他想法都只是核心信念的分支。

讓我們用一位寂寞的男子當作例子。他事業成功，但是在生活上卻感到寂寞無比。他有悲慘的童年，感情之路也不順遂。起初他列出的信念都跟外在世界有關。例如：維持友誼很難，大家都有自己的事要忙。然後是跟自己的過去有關：我小時候從未感受過愛。小時候的我天真又坦誠，但他們傷害了我。我不敢信任，我的人生經歷也一再證實對別人敞開心房很危險。他的情緒漸漸強烈，如果他持續探究，一定會直搗核心：我不值得被愛。如果我值得被愛，我的母親肯定會愛我。我不敢對人敞開心，因爲一旦他們了解眞實的我，他們就會離開我。

追溯到核心，他的寂寞跟朋友或社交能力無關，而是覺得自己很卑微、不值得被愛。

找到核心信念之後，問問自己，如果想要擁有你所渴望的人生經驗，你必須秉持怎樣的信念？把每個限制你的信念修改成支持你的渴望的信念。把新的正面信念寫下來。

如果是剛才那個寂寞的男人，他的新信念會是：我是值得被愛的。我擁有許多美好的特質。我來到這世上不是繁衍的意外結果。我的存在本身就證明了我值得被愛，否則上帝不會創造我。我的母親沒有能力愛我、滋養我並不是我造成的。她有自己的挑戰和問題，原因不在我身上。我的伴侶離開我不是因爲我不值得被愛，而是因爲分開才是正確的選擇；我們有不同的道路。我跟別人保持距離，所以吸引到的是喜歡與人保持距離的朋友。我是一個善良、忠誠、可靠的人，讓別人看見這樣的我並不危險。與人交流、對人敞開心房很安全。我值得感受到堅定的情誼。我值得擁有被愛的感受。

二、下一個階段是持續練習幾天。把筆記本收起來，閉上眼睛深呼吸。在你開始重塑過去、現在和未來之前，提醒自己此時此刻的你具有為自己轉換和創造新實相的能力。接下來請想像你渴望的事件。想像它們是鮮明生動的畫面。開啓所有的感官：當你的渴望實現的時候，在觸覺、聽覺、嗅覺、味覺與視覺上會有怎樣的感受？在心中重複你採納的新信念。最重要的是用深刻而強烈的方式去感受新的人生裡會出現的喜悅、愛、成就感與滿足感。

例子裡那位寂寞男子會開始想辦法與其他人交流。他會想像跟每個人建立感情是什麼感覺。他會想像自己擁有許多朋友，以及他與朋友互動、相處的方式。他會想像自己受到欣賞，想像自己擁有愛。他會想像自己對一位完美的伴侶敞開心房，想像他們的關係會是什麼模樣。

每天一次或兩次，花五到十分鐘專心想像你的人生出現了新的可能性。讓想像的時間變成每天一段特別而享受的時刻。你很快就會注意到身旁出現了改變的徵兆。現況將會改變，因為你已然改變。

## 留住你的新實相

我們之所以能夠想像新的可能性，是因爲它們早已是存在於某處的實相。我們的意圖與渴望的強度爲實相的轉換提供了動力。我們每個人都只是某個可能版本的自己，還有許多別的可能版本。透過改變信念，我們就能重新聚焦，成爲我們渴望的那個版本。

有一個觀念非常重要，請記得並注意：**你的渴望與你的現況是兩個個別的實相**。不要跟現況對抗，也不要企圖改變它。你甚至不需要假裝無視它；與它和平共處。把它視爲一種能力的證明：你有能力完美實現反映出你的信念的生活。

你所渴望與不渴望的事件之間並無衝突。你不喜歡的實相只是被你實現的一種可能性。每一個實相都反映出一個特定的想法或信念。你可以把它想爲一張靜止的快照。在每個特定的實相裡，並沒有讓其他信念表現的空間。每個實相都是一張捕捉了一個想法的照片。唯有改變**自己**才能帶來改變。當你改變你對特定主題的觀點與想法時，你就能轉換到新的實相。

在你喜歡與不喜歡的實相裡，各有一種不同版本的你。問問自己：「在實現渴望的實相裡的我，有什麼不一樣？」在日常生活中想像那個版本的自己。你有什麼感覺？你如何跟身旁的人相處？你如何處理日常雜務？然後，用那個版本的**行為**生活。這個最後的作法會使你停留在**創造你想要的實相**的過程。當你的行爲依據你喜歡的實相的新信念爲準則，就等於在告訴自己和宇宙，你是自己的人生主宰，你具有信任、知曉、信心、視野與力量，你能從無窮盡的可能性中實現你最渴望的人生。

你渴望的人生多快可以顯化？實相轉變的速度取決於你改變信念的速度。就像第七章艾妮塔．穆札尼的故事一樣，在信念改變的瞬間，實相的結構幾乎無需任何時間就能配合新情況而變化。時間上之所以有差距，原因在於這個世界的物質結構與身體的神經結構。小車從完全靜止加快到高速無需花太多時間，反之亦然。在靈魂的領域，物質的密度較低，所以轉換的結果會立即出現。但是地球就像一輛又大又笨重的卡車。因爲這裡的物質密度非常高，所以信念的改變與實現之間會有延緩。

要顯化渴望的人生，首先我們必須停止舊有想法的動能。然後我們必須給神經元時間，讓它們調整狀態、收集環境資料。新的可能性必須在過去被喚醒，我們才能在現在感受到它們的益處與結果。知道這一點後，你所要做的只是**信任這個過程**。這個世界一定會反映出你改變後的信念。

你的人格不是恆定的概念。你不斷在改變。你做的每一個新選擇，都讓你成爲一個全新的人。你不斷在平行宇宙間轉變。這些宇宙，這些特定情況的快照，全都存在於此時此刻。透過你在每一個情況下所做的選擇，你成爲某個平行人生的振動，也就是你現在所感受到的實相。

當我們以現在想要的結果來回憶和詮釋過去的事件時，我們就創造了新的過去。現在你已知道這個觀點，你可以開始善用它來開拓人生。你愈常透過這個稜鏡去看待生活中的各種情況，你的生命就愈能不斷擴展，並且充滿驚歎、同時性與魔力。我知道這千眞萬確，因爲這就是我的親身體會。

我的人生充滿了令人狂喜的同時性事件。我對生命的愛有很大一部分是因爲與高我的連結。覺察到自己的高我，加強與高我之間的溝通，都讓我對自己和我的人生發展更有信任感。在下一章裡，我要分享我如何引導人們在催眠療程中與自己的高我連結，以及你如何得到同樣的指引、滋養和信心。

# 第四章　與高我對話

每一個人都有**高我**，我所指的高我是明智、無條件付出愛的那部份的自己。你的高我就是發揮了最偉大潛能的你。高我是靈魂今生想探索的主題與目標達到最極致的表現。它是靈魂在化身爲人的過程中，渴望達成的最高可能的進化結果。它是我們的一部分，是眞實自我的振動。它一直都在，並且隨時準備與我們連結。

沒有覺察到自己與萬物實爲一體以及自己與神性之間的連結，會讓自我感到孤單。自我覺得它彷彿把全世界扛在肩上，它必須把每件事都想清楚，我們因此進入瘋狂的心理狀態，極度需要找到答案。由於我們跟高我——我們的引導系統——失去連結，因此感到迷失。我們在每天抉擇的過程中感到孤立無援，也看不到更宏觀的人生與生命意義。

我的客戶幾乎都問過同一個問題：「我活著有什麼意義？我的人生目的是什麼？」高我的任務就是引導我們發揮和實現生命的潛能。正因如此，高我不斷爲我們策劃各種情況，也耐心地持續跟我們溝通、爲我們引導。心智可以選擇信任高我，專注聆聽高我的聲音；心智也可以選擇對高我的訊息充耳不聞。高我會盡一切力量幫助我們完成今生的計畫，所以我們為什麼要抗拒它？為什麼要對它視而不見，讓它不得不利用意外和驟變把我們推回靈魂的正軌？

回溯的工作讓我明白，自我與高我理應攜手合作、猶如一體。這也是回溯療程的改變力量之所以如此強大，以及我的客戶為什麼會受到深刻影響；因為他們張開雙臂歡迎**每一個版本**的自己。他們覺得完整而圓滿。他們覺得受到指引與支持，有清楚的前進方向。他們在情緒和身體上都得到療癒。他們願意改變自己的信念與心理限制。最棒的是，他們感受到愛：源頭的無條件的愛。

經常有人問，接受回溯療程的人如何感受到高我的存在。約翰是這麼說的：「每當我回想那次催眠，我總是很難解釋你跟我的高我對話的時候，我有什麼感受。在《夢與意識投射》（*Seth - Dreams and Projections of Consciousness*）的序言中，珍．羅伯茲提到賽斯出現時的感覺。她說：『那不是一種中性能量，而是一種強烈的情緒衝擊，以一種人性化的奇特方式令人感到心安；它是溫暖的，而且如此靠近。它像是環抱著我，但我並沒有睡著或迷失在空無裡。我就是自己，只是非常渺小。我似乎在遠方漸漸淡出，但這與空間無關，比較像是一種心理上的感受。我的周圍與內在彷彿有股巨大的能量形成，在這股能量之中，我被高高舉起、穩穩支撐並被妥善保護。』那種感覺渺小和在遠方漸漸淡出，就是我在催眠回溯時的感覺。」

這是約翰與高我連結時的感受，但是這種感受因人而異。有些人描述的感受跟約翰和珍·羅伯茲一樣；也有些人覺得自己彷彿站在一旁，好像有人透過他們發聲，只是他們依然完全清醒。他們並不詮釋所說的內容，只是純粹把聲音借給內在的衝動。他們只在事後播放回溯療程的錄音時，才聽到和明白自己剛剛說了什麼。

也有些人完全沒有異樣感受。天空沒有一分爲二，神也沒有用低沈的聲音對他們說話。他們跟平常的自己一樣。當我提出問題時，他們覺得是自己在回答，而答案來自內在覺知的深處。然而他們覺察到擴展的感受，感到自己宛如站在山巔俯瞰全景；他們看見更宏觀的畫面，明白了所有的關聯。通常這樣的客戶在聽完療程錄音後會寫電郵給我，問我「爲什麼會這樣？當時我以爲回答問題的人是我自己，可是我沒有那種智慧！我不會那樣說話。我甚至不會用那種方式思考。我的聲音和遣詞用字、我的語調和能量都不像自己。」

這種與高我連結的經驗對我來說再自然不過，因爲高我是我們的一部分，而這部份的我們所關注的並不是物質實相。我向每位客戶保證我們一直受到指引，要對指引的方向有信心。而高我就是他們獲得訊息的管道。高我永遠會以最適合的方式跟你連結，它的指引完全配合你在當下所需要的成長與改變。

## 高我的建議：冥想

約翰在回溯療程中發現自己爲了學習相同的課題不斷重返人世。當我們探索了六次人生之後，他覺得非常沮喪，因爲他還不是完全明白自己應該學習的課題。我知道這時必須引導他跟高我的能量連結。

我指示他允許自己的能量擴展。當高我表明在場時，我問他爲什麼讓約翰看見這六次人生，而不是其他世。高我說，選擇這幾世是爲了讓約翰看清自己依然缺少的東西：理解。這就是他的課題。

高我還說：「他這次表現得非常好。他幾乎總是專注在理解上。他很能理解別人的情況。」我問高我，約翰對自己的情況需要理解什麼？答案很簡單：「放輕鬆。他總是在擔心，老想著『這個怎麼辦』、『那個怎麼辦』。其實只要冥想一下就行了。」約翰的高我建議他每天晚上臨睡前冥想。

冥想是高我經常會提出的建議，然而每個建議都是符合客戶的特定需求。以約翰爲例，臨睡前冥想對他來說比其他時間更適合。無論有沒有明確的建議，冥想本身就是一種清除雜亂能量的有用工具，能幫助我們連結指引和直覺。我認爲冥想不是一種後天學習或訓練的技巧。冥想是你本來就知道怎麼做的事；你早已會了。

你的內在有一個平和、寧靜、信任與理解的美好領域，而且你很自然得就知道如何進入。閉上眼睛，深呼吸，緩緩吸氣，緩緩吐氣。這樣做會立刻帶給你一種平靜感。你已在那個平靜美好的空間了。

思維的改變也很重要，你的想法要從「我必須尋找答案」改變爲「我本來就知道答案」。如此一來冥想就不再是讓你卻步的陌生事情，反而像是回家。冥想帶給我們被滋養的感覺，就像從純然的愛和光的井裡汲水而飲。

冥想有很多方式。我推薦我的CD《前世回溯與超越輪迴》裡的引導冥想，但其實任何方式都可以。請相信你的直覺，選擇最適合你的冥想方式。冥想的魔力不在於技巧；冥想的魔力來自你，來自你願意敞開心房、信任與探索。透過冥想你會發現一個比現在的你還豐富偉大的自己。

## 來自靈魂群組的協助

「靈魂群組」是一群跨越輪迴、關係緊密的靈魂。它們永遠互相陪伴，在需要的時候彼此支持、共同成長。

約翰一直覺得跟祖父之間有強烈的連結，我問他的高我原因。約翰從高我的答案發現自己與家人之間向來就連結深刻：他們幫助他學習「理解」，也就是他最重要的人生課題。

約翰的高我：約翰的祖父跟他屬於同一個靈魂群組。我們送他回來〔地球〕，因為約翰一直有困難學習「理解」。

米拉：所以祖父是來幫他的？

約翰的高我：當他的老師，沒錯。

米拉：祖父怎麼幫他？

約翰的高我：透過學習來教導。

米拉：祖父用什麼方式做到這點？

約翰的高我：他什麼也沒做。他只是做他自己。

這對約翰來說是一個重要的領悟，對我也是。只要做自己，我們對世界的影響就能超越「刻意而爲」的結果。我們可以做眞實的自己，因爲透過散發愛、仁慈與理解的光芒，我們身旁的人早就被我們影響。這也是我們幫助其他靈魂群組成員的最佳方式——做自己就行了。

約翰的高我還說，是約翰的擔心妨礙了自己。約翰跟大家一樣總是擔心太多。當我們花太多時間在擔心上，就會忘了來此的目的。

約翰的高我說，這也是約翰必須教導其他人的課題：如何成爲眞實的自己。不過，約翰要在開始教導後，才會掌握這個技巧。他的高我說：「你必須透過教導才能學會理解。」我很喜歡這句話的智慧。我也發現這話所言不虛。我跟大家分享得愈多，針對一個想法寫下的文字愈多，理解就變得愈深刻。

以「透過教導，學習理解」做爲一種有意識的工具，不僅對我們自己的學習和成長有幫助，也有益於靈魂群組的學習和成長。當面對改變時，我們可以冥想眼前的課題。每一種情況都是爲了幫助我們。我們可以試著理解挑戰所帶來的益處，然後決定要不要跟其他人分享這些心得。分享得愈多，我們就越有洞察力。當我們必須向其他人解釋這些觀念時，我們也因此探索得更深入，並把這些想法的意涵內化。

分享的方式會有影響嗎？沒有影響。你可以透過一個故事、一首歌、一首詩、一幅畫或甚至一句簡單的評論與陌生人分享。重要的是我們表達出內在泉湧的智慧。我們在此都是爲了啓發彼此並提昇自己。

約翰的祖父就是這樣幫助約翰。我問約翰的高我還有哪些人也屬於同一個靈魂群組。他的高我提到約翰的幾位好友以及他的每位家人。我開玩笑地說他們眞是喜歡一起「旅行」的家庭，高我表示贊同：「他們不常分開。」透過我個人和客戶的回溯經驗，我漸漸發現我們經常跟在其他世已經認識的人一起轉世。我們在彼此的互動過程中創造模式，然後選擇稍微改變模式以便從不同的角度學習。還有誰比一開始就跟我們一起創造模式的人更適合幫助我們呢？

我們對靈魂群組的忠誠也會影響我們居住的地理位置。我問約翰的高我，約翰是否應該考慮搬家；他給了否定的答案。「對他的課題來說，這裡是關鍵地點，每個關鍵人物都在這裡。」約翰的高我說：「如果他搬去其他地方，他就無法完成教導那些需要他教導的人『理解』的課題。」約翰的靈魂群組主要位在紐約和紐約周邊，所以他必須留在這裡。

我問約翰的高我，爲什麼約翰的親友對心靈主題的興趣不如約翰。答案令我驚訝，不過很有道理。因爲約翰今生的課題是學習和教導理解，如果他的親友跟他一樣對形而上的思想有興趣就不太適合了。因爲若是如此，約翰就無法教導他們，也無法透過與他們的互動而有所學習。

「他們不應該支持他。」高我說，「而是他應該支持**他們**。」約翰必須接受自己的信念，對自己的信念感到自在，停止需求他們的肯定或允許。

這對我們每個人來說都是很好的課題。如果你的另一半、孩子或朋友不像你一樣對靈性有興趣，不要失望。或許他們在另一世人生已經掌握了這個課題。若是如此，難怪他們不需要像你一樣閱讀每一本新時代書籍，不停地尋找答案。請接受自己的信念，對自己的信念感到自在，允許親友雖然沒興趣但仍支持你。

總是會有許多其他志同道合的人能跟你熱烈討論靈性話題。你無法改變任何人。保持自己的能量，對身旁的人付出無條件的愛。誰知道呢？或許他們跟你屬於同一個靈魂群組，是在這裡幫助你學習愛與理解。

約翰的療程還有一個特別之處。我問約翰的高我，約翰的冥想需不需要有主題？回答是，「只要想著他自己。」這個答案似乎有點含糊，於是我請高我多說明些。它的答覆令我驚訝：

約翰的高我：我只能給他一點提示。
米拉：什麼提示？
約翰的高我：珍恩也會來，就快了。比約翰預期得更快。他無須太過擔心。
米拉：他們會再度成為伴侶嗎？
約翰的高我：是的。他會跟她結婚。

❖ ❖ ❖

沒想到這個「就快了」來得還眞快。催眠回溯結束不到一星期，約翰就跟珍恩相遇了。（她在這一世名字不同，爲了方便說明我還是叫她珍恩。）他寫了一封簡短電郵給我：「我想告訴你，我百分之百確定我遇見了珍恩。原來我們居然是同事……。」她的座位距離他不到20公尺。約翰接受催眠時剛進新公司，認識的同事還不多。十個月後，他向珍恩求婚。有些朋友擔心這個婚結得太倉促，但是約翰跟我都知道內情。約翰在催眠回溯中看到了他們的靈魂如何同時被創造出來。

他是這麼描述的：「我看見一團白光突然出現，然後裂開。我們兩個連在一起。我們不是分離的兩塊。我們之間沒有東西相繫。我們是以不同的方式連結。」

約翰跟珍恩的連結非常特別。他們的靈魂從創造之初就一直在一起。他們一直愛著彼此。他們許多世都在一起。這一世他們再次選擇一起度過。這是否意味著他們擁有完美的關係？當然不是。就跟其他夫妻一樣，他們也有挑戰。但是約翰了解他們之間的連結，他對珍恩的愛與奉獻令人驚嘆。

約翰在他們相遇一年後娶了珍恩，他們日前才剛生了第一個孩子，是個可愛的男孩；他說不定也是來幫助約翰學習理解的。約翰與珍恩還沒一起去過巴黎，但是我知道當他們到了巴黎，一定會非常開心。

## 艾文的故事

雖然我在催眠時試著與客戶的高我溝通，但我知道我所接通的意識要更加偉大。我們的存在源自於「一」，祂是每個存在的源頭。我們也都屬於同一個資訊場。因此，客戶所獲得的指引和療癒是來自最適合他們層次的愛。這些訊息可能來自負責在地球上指引他們的靈魂、他們屬於的靈魂群組、靈性夥伴的能量意識，或是與他們有關聯的天使國度或存在次元。無論源自何處，這種幫助一定是帶著無條件的愛與接納，以及推動他們走向光的渴望。

因為地球的密度，我們習慣較緩慢的能量頻率。客戶被給予的資訊與療癒頻率跟他們本身的能量頻率通常不在相同的範圍內。為了幫助客戶理解所收到的指引，療癒跟答案是透過客戶的高我來轉譯。正如量子物理學家教導五歲孩子的方法不同於教導研究生，一切萬有也會根據理解力與頻率的不同，使用不同的語言和能量。

在我的客戶艾文身上就發生了這樣的情況。催眠開始前，我們討論了他希望高我回答的問題。他想知道自己的守護天使是誰，以及如何跟守護天使溝通。我認眞地寫下他的問題。在跟高我對話的過程中，我瞥見筆記本上與守護天使有關的疑問。出於直覺，我突然覺得我必須請求的是讓艾文**看到**守護天使，而不只是知道一個名字。我對這個衝動深信不疑，於是請求高我讓守護天使對艾文現身。令我驚訝的是，守護天使開始**透過**艾文說話，他說自己叫做達米安（Damian）。

守護天使的表達方式跟艾文截然不同，令我大感驚訝。他的聲音改變了，遣詞用字充滿權威與張力。那一刻，透過艾文傳出的能量完全改變了，因爲說話的是另一個存有。然後，突然間，守護天使消失了，艾文又恢復了柔和放鬆的聲音。但我想對這個天使有更多了解，於是我繼續問：

米拉：請告訴我天使達米安出現時的模樣。

艾文的高我：他身著白袍，頭跟肩膀周圍有光環，他握著某種手杖，從光裡走出來。

米拉：請問一下天使達米安，要怎樣才能跟他溝通。

艾文的高我：他說『你已經在跟我溝通了。』

米拉：怎麼說？

艾文的高我：只要聆聽內在聲音。

米拉：天使達米安是要提供你怎樣的協助？

艾文的高我：抵擋負面能量。

米拉：請問有沒有其他天使跟他合作，如果有，請他們現身。

艾文的高我：天使米迦勒……沒有了。

米拉：天使米迦勒負責什麼？他如何幫助你？

艾文的高我：他張開雙翼，用愛包圍我。這讓我的身心滿滿都是愛。

米拉：我想請天使達米安與天使米迦勒傳達他們想給艾文的訊息。

艾文的高我：「我們早已在你身旁。你不需要擔心失敗，因為你在每種情況都一定會做得很好。一定會朝應走的方向發展……」就這樣了。他們已經轉身，現在正慢慢走遠。

我很喜歡這個故事。它完美映證了高我只是管道，一切萬有的愛、光與療癒是經由高我傳達給我們。處理艾文的問題時，我似乎只有跟他的高我對話，但是當我向守護天使提問時，他們從共同能量裡走出來現身。他們的能量明顯不同，當他們透過艾文說話時，艾文的語調變得完全不一樣。當我跟艾文的高我對話時，守護天使一直都在，他們也協助整個催眠過程的進行。

靈一直都在每個意識層面上指引和支持我們，不是只在前世回溯的過程，而是在生命的每一個時刻。當我們過度專注於外在世界與心智的思考時，我們會忘了自己是被深深支持的。請隨時提醒自己：你是在愛和光的懷抱裡。知道，相信，並且活在愛與光中。

## 麗莎的故事

麗莎體驗高我頻率的方式有趣溫和，對我們兩人來說都是難忘的經驗。

第一次回溯療程開始時，我引導麗莎進入放鬆狀態。當她已專注於內在，我請她描述她在心裡看到了什麼。她看到自己是個小女孩，身上穿著溫暖的羊毛衣，但是雙腿跟雙腳都是赤裸的。她不太喜歡穿鞋。她正躲在閣樓裡，不過沒有人在找她。她往下走了幾層樓，看見擁有這棟房子的夫婦與六個孩子正在吃晚餐。他們不知道她在房子裡。這棟房子是莊園大宅，她的家人在這裡當傭人。她的母親是一個胖胖的婦人，身上永遠帶著麵包的香氣，她是這裡的廚子。小女孩覺得自己深深被愛。

麗莎描述母親的慈愛時，突然有種旋轉的感覺。她說：「我覺得有人把我抱起來轉圈。一開始很好玩，但現在我覺得想吐。」催眠期間，保持客戶的安全與舒適是我的首要之務，所以我引導麗莎放鬆身體，讓旋轉的感覺慢慢消失。幾分鐘後，麗莎說是爸爸在轉她，他終於把她放了下來。

麗莎的父親身材高大，是個穩健可靠的人，他在莊園負責耕作。麗莎的表親和叔嬸也住在這裡。黑奴解放後，她的祖先依然留在阿拉巴馬州的鄉間，因爲他們無處可去。麗莎的父母辛勤工作，她很想幫忙，卻不知道從何幫起。她不准進廚房，也不准幫爸爸耕田。小女孩喜歡每天晚上幫爸爸按摩腳。她用充滿愛的聲音說爸爸的腳怕癢。幫爸爸按摩腳讓她覺得自己也能幫上忙，還能讓爸爸知道自己有多愛他。

麗莎終於要去上大學了，離開父母讓她感到難過。她後來成爲一位人權律師。儘管不情願，她還是進了阿拉巴馬州伯明罕的一間律師事務所。她負責黑人家庭的案件，沒有律師願意接這種案子，客戶也無法付她太多錢。她說：「我不喜歡這工作，但我還是接了。這件事很重要，因爲我是黑人又是女性，而且我工作能力很強。有很多人巴不得看我失敗。雖然我不喜歡這工作，但因爲它很重要，所以我還是會繼續做下去。」

她的丈夫叫做查理，正在負責一個大型人權案件。他們決定不生孩子，因爲他們的工作意義重大。有一天他們在街上走著，一名男子走向他們，然後掏出槍朝查理的胸口射擊。查理跟麗莎當時手牽著手，所以查理倒下時，也一道把麗莎往下拉。她倒在查理身上。她在那裡一直守著查理等待救護車。她放聲哭泣，親吻查理，呼喚他的名字。查理死後，麗莎接手他的案件，這讓她覺得查理就在身旁，卻也讓她知道自己有多想念查理。

麗莎的父母過世已久，她跟表親也早已斷了聯絡。她孤獨一人，非常後悔當初沒生孩子。麗莎活到九十幾歲才壽終正寢。她過世的那天早上正在做早餐的炒蛋，突然間心臟病發。她的靈魂順利離開了身體，然後坐在廚房的椅子上，想看看她的屍體多久才會被人發現。

過了一段時間，一個住在附近的小女孩（麗莎常念故事給她聽）來找她時發現她已過世。麗莎的靈魂爲小女孩感到難過，她試著送愛到小女孩心裡安慰她，告訴她一切都很好。小女孩收到了麗莎的訊息。

這一世麗莎的超靈學到的課題是，工作很重要，但永遠不該比家庭重要。最重要的是在人生中有付出愛與分享的對象。

催眠結束後，麗莎告訴我一開始的那種旋轉感，在爸爸把她放下後沒多久又回來了。而且旋轉的感覺在接下來的催眠過程中一直存在！我眞希望她早點告訴我這件事，這樣我就能下指令讓她的能量集中。

我向來會把療程的錄音寄給客戶，所以麗莎也收到她的錄音。她很快就回信給我，告訴我錄音有問題。催眠開始二十分鐘後，麗莎說了「有個東西……。」接下來的錄音不斷重複「有個東西」，沒有錄到其他聲音！將近四小時的回溯療程錄音中，有三個半小時是「某個東西……某個東西……某個東西……」！

麗莎第一次聽錄音時哈哈大笑。她記得那種旋轉感，她覺得那應該是導致錄音跳針的原因。我自己則是感到震驚。我都是接上專業麥克風之後直接用筆電錄。我會在整個催眠過程中時時注意筆電螢幕，確定錄音軟體運作正常。當我再次測試麥克風與錄音軟體時，播放功能完全沒有問題。這實在太古怪了！

跟我初次會面十三天之後，麗莎再度造訪紐約市。我們同意再進行一次回溯。這次我用兩種裝置錄音：筆電跟錄音機。等待麗莎時，我在心裡請旋轉能量不要干擾電子儀器，而是幫忙讓這次的催眠對麗莎有益。我決心要錄音成功，這樣她才能事後播放來聽。

麗莎放輕鬆後，畫面再次進入她的心裡。這次麗莎看見的自己是個芭蕾舞者。她描述自己的裝扮、劇院的景觀，還有導演如何評論她的表演。催眠開始幾分鐘後，旋轉的感覺又出現了。

「我的胸口又出現旋轉的感覺了。」她說，「我喘不過氣。」我引導她慢慢放鬆，但是旋轉感依然繼續。

「這不是負面的能量。」她說，「感覺很好玩。它在跟我玩遊戲。」我後來終於讓這個能量平靜下來，但我必須要重複好幾次程序，因爲旋轉感不斷出現。我請麗莎的高我解釋原因。回答如下：

麗莎的高我：我在努力想該如何解釋。這是她的靈魂能量。人們經常討論離開身體之後的靈魂會如何，或是讓身體活著或死去的機制到底是什麼。那是靈魂……它其實是種能量。是甦醒的能量在旋轉。當你攪動它，它就會動起來。這是身體感受到靈魂真實存在的感覺。它是更大的萬物靈魂裡的一小片。它是此時此刻存在於這具身體裡的一小片。它在旋轉，正在醒來。它一直是清醒的，但現在清醒程度更被加強了。

米拉：所以她可以自己在心裡召喚旋轉的感覺？這能讓她感覺到她的靈魂以及她跟高我之間更強的連結？她可以隨時專注在這種旋轉感？

麗莎的高我：可以，但她如果同時做很多件事的話就沒辦法。必須保持專注。人類的注意力是有限的，就像生命一樣，所以你必須全神貫注或幾乎全神貫注，至少一開始的時候必須如此。然後會變得比較容易。你必須集中注意力。上次干擾錄音電磁頻率的就是這股能量。

我問麗莎的高我，她的身體能否永久承受這股能量。我得到的答案是人體不能無限期承受靈魂的巨大能量。這是爲何肉體會筋疲力竭，靈魂不會的原因。一如承諾，第二次催眠療程的錄音沒有受到任何干擾。

## 如何連結自己的高我

你隨時都能連結自己的高我，因爲高我就是你的一部分。它隨時都準備好要爲你提供撫慰與指引。請求高我的協助會強化連結的感覺，讓你覺得自己被愛與支持圍繞。連結高我最簡單也最有用的方法是用第三人稱與自己對話，假裝你**就是**你的高我。以下是個例子：

問題：米拉擔心去外地跟新客戶碰面的事。你會給她什麼建議？

允許答案自由流動，不要審核或檢查對錯。

答案：米拉會擔心，是因為她相信跟客戶碰面時，對方會用人類的眼光看她。是的，確實會如此。但是這個人將會體驗到更恢宏的感知，超越人類肉眼所見。這是一場靈魂的會面，在夢的狀態已完成許多準備工作，好讓此事能順利圓滿。靈魂將立即認出彼此。她無須擔心。她只需要凝視對方的眼睛，讓兩人的心的能量同步。一切早已安排妥當，兩人很快就會感到自在。

這是一個眞實的例子。當時我必須爲了一項計畫飛去洛杉磯跟一位客戶碰面。我們素未謀面，但爲了這項計畫必須聯絡並且信任彼此。我對這場會面充滿焦慮。幸好我透過上述的方式獲得指引，紓緩了焦慮的情緒。會面之前，我跟高我連結了好幾次尋求支持。在我的想像裡，高我說出的話總是充滿愛和鼓勵。這場會面相當順利，就如同高我保證的一樣。我們之間立即有自在和信任的感覺，合作也無比順暢。

你可以透過書寫練習，也可以在一天裡的任何時間隨時在腦海中與高我對話。我兩種方式都用。有時在書寫過程中，我的直覺會引導我坐下來連結高我。但是更常發生的情況是我允許這些第三人稱的對話在心中展開。這個遊戲的美妙之處在於你愈常做這件事，就更容易找到方向而且也更明確。指引一直在，只是我們鮮少注意到它。我們已變得過於擅長過濾源頭給我們的愛，卻把焦點放在自己的孤獨感上。就這樣我們催眠了自己，覺得自己孤立無援。

## 練習 與高我對話

我的建議是把這個練習當成一種遊戲。心態愈輕鬆愈好。與高我的對話方式沒有對錯。放膽去玩、去實驗，允許自己當個傻瓜。

這個練習有兩種作法：在腦海中對話，以及把對話寫下來。一天之中的任何時間，只要想跟高我快速連結都可以在腦海裡與它對話。如果想要更詳細的指引，請給自己十分鐘的安靜時間。拿出筆記本，先深吸一口氣，然後慢慢吐氣。讓意念連結高我，然後接收你現在所面對的問題的指引。用以下步驟寫下問題與答案：

1. 問一個問題或專心想一個你想要得到支持的情況。當問問題時，用第三人稱表示自己。
2. 發揮想像力，想像說話的人是一個無條件愛你的人，這個人時時關心怎麼做對你最好，他全盤了解你的靈魂道路。你可以想像這個人是你的高我、一個光的存有、一位天使、一位聖人，或是任何一個會給你愛、光和療癒能量的人。想像你就是那個存在體。
3. 這個存在體以最深刻的愛支持你，請想像你就是它，從它的角度提供建議、分析或支援。

透過這個遊戲，你的指導靈、天使與高我可以優雅地把智慧與支持放入你的意識流。有時你想像出來的話聽起來很熟悉，彷彿說話的就是自己。有時候這些話顯然來自你意識以外的地方。那是你的高我或光的存有一次又一次地把你推向對你最高善的方向。

這個簡單的方法不但有效而且很有威力，總是令我一再感到訝異。

接下來讓我們以這種跟高我合一的感覺做爲基礎，在下一章檢視萬事萬物是如何映現我們，因爲，它們**就是**我們。

# 第五章　萬事萬物均會映現你

我們在上一章討論過，靈魂經常選擇跟同一個靈魂群組的成員一起輪迴。我們喜歡跟其他世就已認識的人一起來地球旅行並透過分享經驗而成長，因此，靈魂群組的意識等級經常是一起提升，整體的強弱總是程度一致。

你或許還記得約翰跟我一起探索的第一個人生，他是一位晚年因為孤獨而自殺的銀行家。在他死後，我們知道他上升到另一個次元，他的親友早已在那裡等候他；他們同屬一個靈魂群組。約翰發現他的靈魂群組已經準備好要進入不一樣的意識層級，但他自己還沒準備好。他必須處理好銀行家那世人生因寂寞導致的問題。由於他還沒準備好，所以靈魂群組也無法繼續前進。

靈魂群組不僅協助其他靈魂的發展，也會幫助地球。靈魂經常回到地球幫助提昇地球的意識。就算我們在蓋亞（Gaia），也就是地球的轉世輪迴已經完成，依然會這麼做。當然，靈魂在地球上的時間結束後，可以在不同的存在次元繼續它的發展，但是許多靈魂決定要留下來提供協助。

我們一起進步的原因是我們都是一體，我們每個人都是一切萬有的一部分。存在層級每上升一層，個人意識會逐漸減少。隨著我們漸漸接近「一」，整體性會愈來愈強、碎片也愈來愈少。

宇宙是一種全像圖（hologram，也稱全息圖）的結構。全像圖的每一個部分都包含與全像整體有關的資訊。「全像」一詞源於希臘語的「holos」，意指「完整無缺」。作家葛雷格．布萊登（Gregg Braden）說，「全像圖是一種模式，這模式本身就是完整而圓滿的，卻同時也屬於另一個更恢宏的模式。這模式可以是無形的能量，也可以是有形的實體物質。」

我們每個人都是多次元全像的一個面。這意味著我們的內在具有我們以爲在「外面」的一切，而「外面」的一切人事物裡也包含了我們！因爲萬事萬物存在於萬事萬物裡，因此「外面」並不存在。我是唯一的存在。我在萬事萬物裡，萬事萬物也在我之內。每一朵花、每一棵樹、每一片雲、每一個呵呵笑的嬰兒、每一個人、每一種情況……全都是讓我認識自己的不同方式。蘇菲派詩人魯米（Rumi）爲此下了美麗的註解，他說每個人都是海洋裡的一滴水，但每一滴水裡也蘊含著遼闊強大的海洋。

我的客戶經常在回溯療程時體驗到回歸源頭的狀態。別忘了與一切萬有合一能讓你深刻感受到無條件的愛。每一個離開深層回溯狀態的客戶都說，他們覺得煥然一新，覺得不同，覺得自己變成了一個更好的人。聽見他們這麼說總是讓我充滿成就感、喜悅與感激。透過協助他人建立與神的愛連結的空間，而這份愛本就是他們的源頭與本質，我自己也在過程中與自己的靈魂連結，並活出我的人生目的。

走進大自然，讚歎周遭美好的景色，也能讓我們重新連結靈魂本質，憶起我們與一切萬有都是一體。悅耳的鳥鳴滋養我們，使我們的振動更爲輕快。看見萬物蓬勃生長，看到大自然是如何輕鬆自在地遵循它自然的脈動，這一切都在提醒我們眞正的自己。我們毫無疑問的知道自己的價值與美好，因爲它存在於我們的每個細胞。透過身邊的世界，我們深切體會到自己和宇宙實爲一體。

## 捨棄批判，選擇愛

當我們身處人群，過著塵世喧囂的日常生活，與環境和諧共存的感覺確實較難維持。在大自然散步雖有幫助，但我們發現自己很快又回到平常熟悉的疏離、沮喪、焦慮、冷淡與孤單的狀態。我們的心智很擅於分析、歸納與分類。我們不只跟自己碰到的人事物做比較，也會跟腦袋裡的檔案比較：我「應該」、我「可以」跟我「如果……就會……」。雖然這種比較讓我們不快樂，但它也有積極的一面。透過比較，我們可以了解自己的偏好。新的偏好在我們內心產生新的渴望，而新的渴望帶來新的期待，推動我們去創造想要的生活。這個世上永遠會存在著對照和比較。重點是如何與源頭保持連結，不要被負面情緒與批判左右。

每當我們批判一件事或一個人的時候，其實都是在批判自己。由於我們的全像本質，所以任何批判都是自我批判。如果我們的內在並沒有與對方相等的振動能量，就無法感知到對方令我們困擾的地方。我們向外投射的批判會影響我們的內心。當遇到不符合我們偏好的人事物時，會有討厭的感覺是自然的，但是了解自己的偏好並不等於給討厭的人事物貼上「錯誤」的標籤。

與其關注外在的煩惱，不如仔細檢視內在的挑戰。那個令你困擾的人或事都是高我給你的禮物，目的是幫助你整合與實相對立的信念，使你的思想與情緒符合你靈魂的本質。透過這樣的方式處理批判，你就是允許自己扎根在無條件的愛的本質裡。當你脫離了負面漩渦，你就會找到平靜。你將能夠以非常深刻的理解去看待他人和自己。這樣的理解允許你找回選擇的能力，你可以選擇是要在負面思想裡打轉，還是選擇以更恢宏、更喜悅的方式認識自己而得到提升。

沉浸在負面思想並非必然。我們有權利與能力去選擇如何回應各種情況。記得，沒有習慣，只有選擇。當你覺察到內心有所不滿，就表示這樣的情緒已不再隱藏。你意識到它的存在，因此你有能力做出更好的選擇。就這麼簡單。

當發自內心了解了這點，我們自然會選擇愛。因爲我們就是愛。無條件的愛的振動賦予一切生命；愛是萬物的源頭。正因如此，表達自己與服務一切萬有的最佳方式就是爲任何令人苦惱的情況注入愛。選擇留在愛裡，把愛的想法投射給相關的人；堅定這個想法：我是溫暖、熱忱和包容的愛的能量。只要這麼做就能清除圍繞著負面情境的稠密能量，並且幫助提昇整體的意識。這個作法也能讓其他人較容易追隨同樣的路徑，因爲能量的藍圖已經存在。

讓自己進入這樣的心智狀態可以產生非常深刻的慈悲心和連結感。你會自然而然地知道每個人在每一種情況下都已盡力做到最好。停留在愛的本質裡，我們就能爲每個人高舉光，讓他們知道如何以正面方式去創造與體驗實相。如果你覺得自己必須爲世界帶來改變，就從你內心那個更有智慧、更高階的地方採取行動。當你以愛和眞誠行事，你的正面能量將會吸引志同道合的遠見者。你們攜手創造的改變會使世界成爲一個更好的地方。

## 二〇〇一年九月十一日

二〇〇一年九一一事件發生的時候，我人在家裡。那天溫暖晴朗，毫無災難的跡象。當時我住的地方跟世貿中心只隔幾條街，窗外就能看見雙子星大樓。當兩架飛機撞上大樓時，我的身心都感受到震撼。我帶著恐懼親眼看見窗外的雙子星大樓轟隆隆垮下。天空密佈灰塵烏雲，突然之間什麼都看不見了。

時間宛如靜止不動。那一刻，我的實相變成了永恆的虛空。灰黑塵煙覆蓋一切的景象、呼吸困難、困惑混亂的感受、恐懼與求生的本能、警笛的聲響，還有人群急忙逃生的如夢般的不眞實畫面；直到現在，我腦海中的這些場景依然鮮明。

接下來的每一天、每一刻都很難熬。我被禁止返回我住的公寓整整三週，而我身上除了穿著的衣服之外，什麼東西都沒有。儘管如此，我得到這輩子最妥善的保護與照顧。我獲得的愛與支持令人感動。

由於那天的事件，我們全體成長了許多。我們學到，身爲人類，我們有創造的能力，也有毀滅的能力；但是我們也有戰勝任何挑戰的能力。我們學到了無私、同情、信心等重要課題，還有最重要的，對「愛」的領悟。九一一事件引發了接連的政治與文化改變，這些改變持續帶給我們機會，讓我們明白「我們」與「他們」之間並不是分隔的，我們都只是在尋求實現人生意義。

九一一那晚，我躺在體育館的地板上入睡時，我的心充滿對神的感謝。發自內心的感恩讓我對那一天牢記不忘。

我感激爲了幫助我們明白愛、慈悲與力量而犧牲自己的勇敢靈魂。我感激那些在九一一之後敞開心胸，用各種方法幫助同胞的人。我感激源頭滋養我們，給我們繼續在光與愛裡前進的力量。我不會因爲九一一事件而懼怕或仇恨。我送愛與慈悲給每一個人。我選擇做提升的光，而不是被淹沒在恐懼與負面的泥沼。

## 在艱困的情況中發現機會

把不批判、包容的態度帶入日常互動非常重要，無論是對情人、小孩、同事或擦肩而過的路人。想想那些平時不經意的批評與論斷（就算只是在心裡）。我們評斷別人的穿著、髮型、他們說的話、他們賺錢與花錢的方式……可以批評的數不勝數。然而，要是世上的每件事都遵照**你的**想法或你認爲正確的方式進行，那會多麼無聊！一點差異性也沒有。每個人都會像是你的複製人，每個情況都會很單調，甚至也沒有必要跟這世界互動，因爲所有一切都跟你一模一樣。

藉由在別人身上看見差異，我們才明白整體性。合一的美妙之處就在於它的多面向。就像拼圖一樣，每一個人拼在一起成爲更恢宏的整體。只要誠實面對自己，並且以同樣的方式跟世界互動，我們就是在支持一切萬有。這麼做也能讓他人更誠實做自己。每當我發現自己想要批判別人的時候，我會說：「眞有意思。」因爲對方只是反映出我沒有選擇的其他可能性罷了。我默默感謝對方，因爲他讓我看見一切萬有的不同面貌。然後我優雅地前進，把注意力放在讓我感動的事情以及創造我所選擇的人生上。

人生中總是會遇到讓我們緊張不安的事。父母打算離婚或賣房子；兄弟姊妹跟我們不認同的人結婚；好友決定整形，但我們認爲沒有必要；或是更糟的，我們愛的人罹患耗弱身心的疾病。這樣的事情會把我們推進極端的情緒裡，導致過度擔憂與失眠，讓我們無法感受到幸福與合一。當碰到這樣的挑戰，請記住它們的出現不會是無緣無故的。

要認知到你自己就是這個情況的主要共同創造者，你完全可以掌控；即使你還看不出爲什麼會發生這種事，或是它們會如何幫助你成長。

困難的情況之所以被我們吸引而來，是因爲裡面有値得我們學習的東西；它們給我們機會去幫助別人。這類情況會產生焦慮是因爲它們反映出我們內在尚未解決的問題。因爲我們都是一體，因爲宇宙是個全像圖，我們面對的其實是自己。每一個人生經驗都反映出我們自己，讓我們有機會整合尚未解決的挑戰。因此，我們可以把這些事件當成機會，利用這些機會去更瞭解自己、去瞭解我們的信念、去吸收這些信念，然後用更能夠支持我們達成目標的新想法去取代舊信念。

如果我們沒有處理問題的核心（也就是定義人生的信念），我們將不斷製造出相同的事件，無論重新修正幾次都一樣。常見的例子發生在愛情裡。有些人覺得自己老是吸引到相同類型的人，所以也老是碰到相同的問題。許多人認爲唯一的解決之道是換個對象，心想說不定這次就會有較好的結局。可是我們可以不再經歷痛苦的分手，而是認知到我們渴望的偉大的愛就存在於我們內心。找到某個耀眼的新對象並非答案。我們必須瞭解自己的信念，明白自己的核心動力是什麼。我們必須先解決自己的限制，療癒自己，再來決定要不要維持現在的戀情。或許舊有的問題便能迎刃而解，又或許我們會發現自己已準備好迎接改變，因爲我們已經變得不同。

當全像的一部分改變時，這個改變會反映到全像整體，每一個個別的部分都會受到影響。因此，在你改變立場、想法與信念的那一刻，你的改變會反映到情況本身。表面上像是發生了奇蹟似的變化，事實上，唯一有改變的是你。當我們發現自己處在不喜歡的情境時，解決方法不是改變別人，我們必須承認眼前的情況映現出跟我們相關的部份。我們可以往內看，然後清理內在，讓光照進塵封的角落。我們可以檢視自己的信念，把它們改變成符合我們渴望的信念。我們愈早這麼做，情勢就會轉變得愈快。

練習

## 如何找出限制你的信念並且改變它們

知道自己的信念很重要，因為它們是打造人生道路的基石。我們在信念的基礎上建造人生經驗，從小事件的方向到終極傑作的整體性都以它做為決定的憑藉。信念說穿了就是想法，只是被我們當成絕對的真理。有些信念是正面的、具支持性的，例如「我媽媽很愛我」或「無論我需要什麼，源頭都會大力支持我」。有些信念是無益的，就像無形的牆限制了我們。

這是一個改變信念的練習，請安排一段可以深入內省的安靜時間，至少要三十分鐘。給自己愈多時間愈好。為了堅定改變的決心並向源頭宣告你已做好了解自己的準備，請進行某個儀式；任何儀式都可以，例如點根蠟燭或播放輕柔的音樂。舒服地坐好，把筆記本放在旁邊。深吸一口氣，閉氣，然後慢慢吐氣。

想想那些你想克服的挑戰。告訴自己：「我要深入內在，針對這個主題從每個面向探索那些限制我的信念。我知道它們只是假設。」為了挖掘限制你的信念，問問自己：「我對這件事有什麼想法？我認為這個情況具備哪些事實？我的哪些信念給我這種感覺？」然後，把你對這個主題的想法寫在一張紙上。盡量寫，寫到沒東西能寫為止。

你做得很好，請再做一次深呼吸。吐氣時，感覺自己放下了那些想法。接下來，請對自己說：「我的意識正在改變。我能看見限制我的觀念、想法與模式。」現在請用擴展後的視野去看你剛才寫下的東西，慢慢地看。有意識地挑出不再適用於你的信念。你可以畫底線標示它們，或是把它們寫在另一張紙上。

接下來請做幾個深呼吸。對你即將被賦予的智慧帶著愛與感激的意念，邀請高我加入這個過程。請讓想像力自由發揮，盡情創造各種故事。不要期待一道閃電突然撥雲見日，或是突然聽見神的聲音。這說不定會發生，但有沒有發生都無所謂。你的內在早就有所有的答案。

想像你的高我會如何跟你溝通。它把你放在它的腿上嗎？它會握住你的手或是擁抱你嗎？它會用怎樣的語調？它是什麼樣子？什麼裝扮？

想像你的高我正在建議你接受哪些新信念、捨棄哪些舊信念。把這些信念寫下來。你的高我對你有何期望？寫下這些新的生活方式之後，大聲念出來。聽見自己的聲音說出這些宣言具有很大的力量。最後，帶著堅定與信任告訴自己：「改變信念對我來說很輕鬆。我擁有這些新想法與信念。我的人生是這些新信念的結果，這些新想法所創造的美好結果隨處可見。」

最後，發自內心相信這個轉變。記住，信任是一道門，它能引導你的天賦能力創造人生。你信任什麼，就會創造出什麼。對自己重複這些新想法，強化你的信任。當你思考這些想法，你會感到快樂。你會覺得樂觀和擴展。這種喜悅的感覺是一種確認，證明當你允許精挑細選的想法進入內在時，你的振動將與高我（也就是你的真實本質）契合。

最重要的是，把新信念付諸實踐。想像自己原本就是抱持著這樣的信念行動。行為舉止就像你已在過著你渴望的人生。

當你告訴自己改變信念很容易，你就是在實踐終極信念：你主宰自己的實相。選擇權是握在你的手裡。改變信念只需要這幾個簡單步驟，一點也不複雜。如果你相信改變會是冗長又艱難，你就會經歷既冗長又艱難的改變。但是我向你保證，改變不必是這樣。當你以全新視角看待事物的那刻起，你的意識就已擴展。所以何必走回頭路？你已經走入一個新的平行實相，也已經變成一個新的人。你如此相信，也如此行事。你的改變只需要一個人的允許，那就是你自己。你就是你的新信念。記得，宇宙是一個全像圖。從你決定你已經改變的那一刻起，你周遭的一切都會適時地為你證明改變已然發生。

## 茱蒂的故事

有時候我們會看到身旁的人遇到令人焦慮與恐懼的情形。這時你可以告訴自己，我們之所以看到或引來這樣的情況是爲了能夠提供協助。同情別人或是因爲自己擁有的比別人多而感到罪惡，這是被社會接受的反應。但是這種反應只會強化負面的情況。事實上在這種時候，我們應該固守自己與源頭的連結，這會讓我們立於提供協助的最佳位置。

我們不需要刻意拯救任何人，也不必覺得責無旁貸。不需要因爲自己更富有和擁有較多支持就有罪惡感。其實，這反而讓我們有機會體驗眞正的慈悲。慈悲是當別人眼中只看見匱乏與限制時，有能力看見美好、偉大與潛力。我們可以看穿表面的失敗、病痛與不足，看見藏在底下的眞實力量。

我們做的每一個選擇（是的，包括體驗疾病與衝突的選擇）都來自一個充滿力量的位置，因爲我們是永恆的存在。沒有任何東西能擊垮或消滅我們。知道這一點，我們就能信任無論情況多麼令人窒息，都是爲了幫助與這情況有關的人。

在靈魂層面上，我們每個人都深深地察覺到自己的力量。我們知道挑戰只是帶來成長的機會。我們允許自己沉浸在負面思想裡的程度，與我們能夠體驗光、揚升和擴展的程度成正比。茱蒂的故事就是這個眞理的最佳案例。

茱蒂是一位在法界表現亮眼的年輕女性，但是她的工作壓力也很重；她被診斷出罹患腦動脈瘤。她的大腦有條血管過度擴張，血管壁變得非常薄。醫生宣布這個消息時，茱蒂不知道自己該哭、該擔心，還是乾脆接受自己性命垂危。短短兩週內（但對她自己與家人來說宛如永恆），國內最優秀的神經外科醫生爲她動了手術。手術成功摘除了動脈瘤，卻發生了極其罕見的情況：手術過程中，茱蒂突然中風。當手術結束，茱蒂醒來時全身癱瘓。幾年後，她只有身體的左半部依然癱瘓。在堅持與意志力的幫助下，茱蒂恢復了走路的能力。但是她的左腿依然裝著支架，而且左手臂不太靈活。

我爲茱蒂回溯前世時，她看見一個年輕女子住在蒙大拿州小鎮外的農場，年代是十九世紀。她鉅細靡遺地描述自己的簡樸生活：孩子、丈夫、菜園、臨近的小鎮，以及乾燥的氣候與沙塵。我問她的高我爲什麼她的這一世跟其他世那麼不同。答案很簡單，卻也非常重要：高我說，它想讓茱蒂知道自己有多堅強。它告訴茱蒂，是她自己選擇了透過身體上的挑戰達到靈性的成長。動脈瘤與中風都不是因果業力，也不是神懲罰她犯過的罪。她的病痛是一顆星星爲了更加閃亮，於是帶著信心創造出來的。高我告訴她，她的情緒和身心都非常堅強。它向她保證一切都是正確的，她一直被無條件的愛著。

病痛與全心投入心靈的人生讓茱蒂成長了許多，因此高我鼓勵她去啓發和幫助其他人。毫無疑問地，茱蒂的催眠療程深深地療癒了她。能遇見一個如此勇敢和美麗的靈魂，我深感榮幸。

## 我們都是振動頻率

當我們是充滿愛和慈悲，我們知道，在一切萬有的偉大計劃裡，每個人和每件事都是正確和完美的。我們的振動頻率變成了「一」和無條件的愛的振頻。當我們沉浸在幸福與連結的流動裡，我們影響的不只是周遭的人，也會影響一切萬有。

就算不透過語言，我們也一直在與彼此溝通。事實上，我們的資訊交換主要是透過能量場。加州大學洛杉磯分校做過一項研究，發現九三%的人類溝通來自非語言的交流。這個研究結果相當有道理。跟溫暖仁慈的人在一起，我們會有被接納的感覺。只要短短幾分鐘，我們就會感到振奮，因爲我們的能量漸漸跟上他們的能量。另一方面，當我們跟愛挑剔、刻薄、憤世嫉俗和負面的人在一起，我們會覺得自己也被吸進對方沈重的振頻裡，讓人只想趕快逃走。

正面的態度會統合和提升他人的能量層級。只要跟正面的人在一起，我們就能變成更好版本的自己。不論是在哪種情況，我們也都能找到積極的、支持的與正面的應對方式。當我們以身作則讓別人看見這些方式，就是幫助他們明白他們也能回應更高頻率的振動，他們也能有意識地使用自己的力量創造出支持自己的情境。

你可能已經知道，任何改變都必須來自內在。性格或人生的改變絕對不可能來自外界。嘮叨抱怨永遠不可能成爲傳遞正向改變或維持良好關係的策略。它或許能帶來你想要的結果，卻是要付出沈重的代價，因爲它會破壞其他人的自我感。以愛和慈悲與他人連結則有助於眞實的轉變。無論對方是否做好改變的準備，只要你堅守愛的本質，不去批判或強迫，就能帶來恩典與自在。這一切無需著急。畢竟，我們有永恆的時間到達想去的地方。

❖　❖　❖

由於我們同屬一體，我們一直都是在知曉的流動裡，這個共享的意識場把每個人連繫在一起。所有的人都不斷在創造和體驗這個資訊網，每一個人都是神，都是一切萬有意識的個別表達。你因爲是整體的一部分，所以也能選擇被這恢宏萬有支持與滋養。

物理學家阿蘭．阿斯佩（Alain Aspect）在一系列的實驗中發現二十世紀最重要的科學成果，它證實了一個幾百年來人類直覺早已理解的現象。一九八二年，阿斯佩驗證貝爾不等式，證明了粒子在特定的情況下能夠瞬間「溝通」，無論雙方距離有多遠。這完全顚覆了空間與時間的觀念！物理學家長期相信的局域性原則（物體只會受到周遭環境的直接影響）不再成立。阿斯佩的發現爲量子非局域性（quantum nonlocality，也稱非定域性）與量子糾纏（quantum entanglement）提供了科學證據。

此外，這些實驗也推翻了愛因斯坦的狹義相對論：任何物質與能量的行進速度都不可能超越光速。這些實驗並未證實能量可以超越光速，而是速度與時間等限制因素根本**無關緊要**。無論相隔多少空間與時間，物體都能瞬間連結。

「這些粒子如何溝通？」是每個人心中的疑問。這個問題在科學界引發議論。物理學家戴維．玻姆（David Bohm）提出解釋。粒子用這種方式回應彼此不是因爲它們神祕地傳送訊號，而是因爲它們是同源的延伸物。根據玻姆的解釋，看似分離的物體其實存在著更深層的連結。基本上，人類、鯨魚、樹木、螢火蟲都是屬於同一個量子場的振動，也就是一個浩瀚無垠的能量槽。我們時時刻刻都在跟量子場和量子場裡的生物與非生物溝通。量子場連結萬事萬物，就像一張巨大的網。量子場是萬物的起源，量子場裡每顆粒子間的互動是萬物的驅動力。因此科學家提到量子場時經常用「神」來稱呼它，也就是一或一切萬有。

## 接受直覺天性

你我都連接在這張巨網上，也因此我們都擁有強烈的直覺。是的，**你是直覺的動物**。通靈不是什麼了不起的能力，也不是發生在少數人身上的怪事。我們都有強烈的直覺，只是有些人知道，有些人不知道。直覺本就是人生藍圖的一部分。它是人類的天性與傳承。

我們人類長期抑制這種天性，用各種信念、恐懼和故事來阻擋它。但如果你願意允許更強的直覺覺察，你可以採取幾個步驟。

首先，探索你可能因爲覺察到看不見的世界而受到傷害或壓抑的其他世。我有幾個客戶看見自己的前世因爲通靈能力而遭受迫害。在釋放了害怕爲自己說話的恐懼後，他們得以發揮眞實的直覺潛力，再次接受內在的神性。

我個人也有類似的回溯經驗，那次催眠讓我不再害怕因爲做自己而被傷害。那一世的我是白人女性，在一個美國原住民部落裡跟著女巫醫學習草藥。我愛上了部落裡的一名男子，所以拒絕了一位白人男性的追求。爲了報復，惱羞成怒的追求者污衊我是巫婆，我的生命因此很快結束。清除了這個障礙後，我對自己的直覺天性便能欣然接受。

另一個我想分享的是碧安卡，一位美麗的義大利女子的故事。療程開始時，她說掉頭髮這件事讓她感到恐懼。在催眠狀態下，她看見前世的她跟一位朋友都有預視和療癒的能力。但是她們的能力非但沒有受到賞識，反而害她們被燒死在木樁上。在燒死她們之前，行刑者把她們的頭髮剃光。回溯至此，碧安卡痛苦萬分，因為剃掉頭髮就等於剝奪她的能力。這段前世結束得令人毛骨悚然，碧安卡經歷了情緒相當激動的回溯療程。後來她的高我說頭髮象徵天線，我們透過頭髮和一切萬有連結。

催眠開始前，碧安卡說她知道自己有能力療癒他人，但某個不明的原因總牽制著她。回溯了前世之後，她發現自己下意識害怕再度被殺害。掉頭髮是保護自己的一種方式，因爲掉頭髮等於切斷她連結神性的能力。我協助碧安卡釋放了這些信念，引導她在與神的連結之中找到安全感。

因此，開發直覺力的第一步就是釋放靈魂在前世所累積的恐懼。第二步是認出並釋放今生的通靈能力所帶來的恐懼與負面信念。請先重複練習本章之前提過的練習（第136頁）。這個練習幫助我釋放了童年的負面情緒，也幫我清除了那些阻擋神性在我的內在自由流動的信念。同時清除前世與今生的恐懼，將會發揮強大的效果，讓你無需在分離狀態裡尋求安全感。

你身體裡的每個分子都與所有的存在相繫。你和萬事萬物源自相同的能量場，所以你跟它們永遠緊緊相連。也因爲如此，你知道一切，也感受得到一切。你可以肯定自己與萬物的連結，以及你的內在有著能夠幫助和引導你的覺知。相信你的直覺。隨性而爲：探索直覺、滋養直覺、享受直覺。這麼做就是隨心所欲地表達自己的覺知與一切萬有的能量場。你允許它穿過你，尋找對你有幫助的方式。我們都屬於同一個永遠在擴展和不斷變化的意識場。你與一切萬有實爲一體，而一切萬有把你視爲有價値的、貴重的和珍愛的一部分。因爲如此，一切萬有想要幫助你、支持你成爲你該有的樣子。

## 你的合一

在你學習與一切萬有合一的同時，我也想請你專注在**你自己**的合一上。你是心智、身體與心靈的美麗之舞。心智負責邏輯，它以非常實際的方式幫助你，讓你能夠探索存在的具體性。身體是讓神性得以在世間遊玩和體驗物質實相的載具。而你的心靈把生命、目的、愛與指引帶入這三者的發展之中。這三者看似分開，其實都是**你**的合一的一部份。

有些人的人生宗旨是「愈多愈好」。這些不知饜足的人永遠在追求更多權力、更多認同與更多財物。他們全方位依賴心智，也就是單靠意志的力量達成目標。心靈不受到重視，畢竟心靈無法在會議室裡透過圖表去說明、估算與分析。神是最大的謎團，而這類型的人對謎團並沒有興趣。

不過，心靈型的人也不是聖人。一旦我們發現自己輝煌燦爛的本質，往往就很容易忘記自己身處於實體世界，我們是爲了某個目的而選擇來到這裡。大多數心靈型的人放棄左腦思考，帶著盲目的熱情奔向右腦的涅槃狀態；只注重靈魂，不注重心智。但是源頭所創造的人類具備了思考的心智，這樣靈魂才有愈來愈多的機會去學習與成長。我們必須學習使用**所有**被給予的天賦。

無論是心智型或心靈型的人，在人生旅途中很可能都曾傷害、虐待或忽略自己的身體。如果我們知道身體是神聖的容器，我們的世界會變得多不一樣！我們跟食物、酒精、毒品和藥物的關係會截然不同。我們會懂得欣賞性愛的美與至喜。然而，我們卻否定自己的身體，把身體視爲理所當然。我們必須記得，身體是表達靈魂使命的載具。

第四章談到的麗莎來找我的時候，她正在虐待自己的身體，她感覺失去了跟身體之間的連結。在與她的高我對話時，我問到她的挑戰，以下是關於人類身體的回答：

有一種觀念是心靈比身體偉大……但是對這個人生來說，心靈的堅強程度是跟身體一樣的。心靈和身體都需要同樣的愛。如果她對身體沒有相同的愛與能量，心靈的發展將會很有限。她的所作所為必須是一個正面的管道，把能量引入身體……任何能把心智、身體與心靈重新連結起來的活動。瑜伽很好。冥想很好。如果是跑步，應該仔細感受肺部吸入與呼出空氣，而不是還得跑幾條街才能休息。用身體喜歡的方式去連結和享受，不要試著控制它，也不要試著去命令它。這些是人在失去連結和填補空虛時會做的事，但這麼做根本沒用，只會引發更多負面。

如果你很容易忽視身體，我有一個好建議。很多人以爲身體是靈魂的容器。事實上，是靈魂裝載著身體。靈魂創造了身體與心智，而身體存在於靈魂裡。請透過靈魂的眼睛思考你的身體。造物者跟父母一樣無條件地愛自己的創造物。你的靈魂愛你的身體。想像你的靈魂以它的能量，帶著愛擁抱你的身體。讓心智保有這個畫面，你就能爲自己與身體塑造一個更正面的關係。

你選擇出生在人類史上一個令人興奮的時代；你來參與合一的進化過程。數世紀以來，人類忘記了自己與一切萬有實爲一體，否定了身心靈的神性，而你是超越這種分離的開始。除了仰望，別忘了向內看。敞開心，接受直覺的協助。隨時向無形的力量求助。當看完一本啓發人心的書，不要把這本書的精神留在書架上。活出那個精神，活出你的心靈。

帶著靈魂去從事每個身體的活動。運動的時候，記得，你是在鍛鍊與強化身體，使它能承受靈魂所達到的更高頻率的意識振動。做愛時，感受與一切萬有合一的興奮。有意識地選擇與你的揚升有共鳴的食物。留意飲食習慣與進食的心緒。選擇喝水而不是其他飲料，因爲水的淨化和安定作用能幫你與蓋亞合一。

讓和諧進入你的心智、身體與心靈，讓這三者達到平衡。在身心靈之間達成新的協議。冥想時，分別對身心靈說話，告訴它們如果能攜手合作、互相支援，而不是用身體的疼痛或自我的發怒來爭取你的注意力，人生就會更喜悅自在。告訴你的美好心智它極受重視，它所有的擔心都會被聽見，感謝它爲你發揮了絕佳的保護作用。向心智保證它並不孤單，它不需一肩扛起思考人生的重擔；它有個最忠心也最關愛它的夥伴支持著它：靈魂。感謝你的身體努力不懈地服務你，並且知道如何療癒自己和保持健康。讓心智向身體保證它會爲身體做出充滿愛的選擇。然後再讓心智跟身體對心靈保證，它們會信任心靈，讓心靈閃耀光芒，指引前路。

你或會問，是誰負責協商？是你的靈魂。你的靈魂看見宏觀的全貌，然後透過身體與心智創造人生。透過創造身心靈的這份新約定，你就能提升自己到達合一的境界。

## 亞伯特的故事

亞伯特帶著明確的目標來找我：他想知道他為什麼會得攝護腺癌。他這七年來的人生充滿放射治療、無數次檢驗、壞消息，更糟糕的是：恐懼。他的回溯療程既深刻又具轉化力。亞伯特知道了造成癌症能量與情緒失衡的原因，並且經歷了非常強大的情緒療癒。光這一點，就已是相當成功的催眠療程；然而還有另一件事讓這次的經驗更不尋常。

催眠期間，亞伯特體驗到與源頭合一的感受。一開始，他看見自己是一名男性，身在金字塔內的一個明亮房間：

這裡感覺是個宗教的、神聖的地方。我感到謙卑。房間的中央有個高起來的檯座，材質是白色的石頭。檯座看起來像一根長方形的柱子。它很巨大。它是這棟建築的核心，一路到屋頂。屋頂似乎是打開的。房間裡有股能量。這股能量很溫暖，像夏日的陽光。

我站在長方形柱子的上方……我走向平台的中央。我抬頭仰望，應該是在看金字塔的塔尖。我高舉雙臂。我感到……擴展。我高舉雙臂，張開雙腿。我全身充滿能量。我覺得很舒服。不知道為什麼，我覺得很想擴展。

我的心智到了太空。它帶我到了太空，但是好像沒帶我的身體。我身處在黑暗的太空裡。我看見星星。太不可思議了！我感受到巨大無比的能量。我感受到一種連結，一種令人驚異的連結。我現在是在一切的中央。我與萬事萬物相連，太神奇了！這種感覺太遼闊了。我無法解釋，但我感覺來到這裡是非常正確的。

這種連結令人情緒激動，但又感覺合理。它是以一種正面的方式呈現美好與強烈撼人的情緒。我覺得我想擴展，想深入一切，也想把一切吸收到我的內裡。太美妙了！我好像融入了宇宙，卻又不是宇宙裡的東西……宇宙彷彿是我的一部分。我覺得我只要搖搖手指，就能晃動身旁的星星。所有一切是完全相連的。

亞伯特能夠感受到他的「個別自我」，也感受到一切萬有更恢宏的能量。但是他很快就想要更擴展，進入合一，而他發現自己很害怕。雖然他非常想要感受身邊的能量，但他也不想失去自己的身份或特性。不過，他還是勇敢前進：

有一種令人睜不開眼的光芒，是白色的，非常明亮……是乳白色的明亮。光芒圍繞著我。它很明亮、清新、乾淨、純粹。哇！它實在好亮，難以置信！喔，我的天啊！喔，天啊……喔……我的天啊！喔！

我是能量的一部分，這股能量難以置信。它是乳白色的光芒。它以一種微妙而強大的方式振動，我再也無法控制自己。我現在跟它混合在一起。它比我巨大恢宏。它很乾淨；它如此乾淨、純粹！什麼也沒有，就只有這一片白。我幾乎能夠在它裡面感知到自己，但感覺跟以前不同。我只是身體的模糊輪廓，幾乎不存在。我幾乎無法承受這振動。這振動有一點不舒服，但這個感覺非常美好。它是至喜……極樂。這有點矛盾，但這是種單調的至喜，因為這裡一片空無。這是令人興奮、感覺美好的空無。在這道光裡的感覺很棒，因為它好潔淨。這裡沒有不純粹的東西……這裡沒有東西！我沒看到任何東西！沒有任何玷污它的東西。它是如此完美而不受到污染。這種潔淨令人安心且振奮。它如此美好。沒有任何動靜。感覺好棒。

現在我稍微離開它了。我依然跟它在一起，但我現在感覺到的自己多了一些。剛才我一直覺得這股能量是神，但我以為那是心智推測的結果。現在我確實感覺到它就是神。我以某種方式在神的面前。…這是為何我要稍微離開它一些。為了感知它為神，我必須離開。剛才我在它的裡面。我跟它為一體。我察覺不到任何差異。現在我已稍微離開，我感知到它與我不同，比我廣大恢宏得多了。我感受到完全的善意與關愛。我依然覺得很舒服，但是完全比不上剛才跟「祂」在一起的感覺。這個差異難以置信。在它外面感覺依然美好，但是跟在它裡面時比起來，卻是如此可憐。

亞伯特敘述的是直接體驗到與一切萬有的合一。他後來告訴我，他有些「脫離」了，突然間他發現「離開它」，跟它分開非常寂寞。我問他如果融合爲一的狀態是這麼美好，我們爲什麼還要離開它？亞伯特如此回答：

當我在它的裡面時，我並未覺察到它。我必須離開它才能感知它。我知道感覺很舒服，但它感覺起來空無一物。感覺雖美好，但那是存在的一種狀態。那是一種美好的存在，沒有次元的。一種完美的單調……當我離開它……失去它令我深刻感受到它的美好……我必須知道與那股能量合一的感覺，才能知道失去它是什麼感受，這樣就可以真正體會與欣賞它。因為當你在它的裡面跟它融為一體的時候，只有一片空無。離開它，你才會理解它的偉大、完美與美好。

喔，天啊！從外面看來，它一點也不單調！從外面看來，它是如此美麗。它的裡面也很美，卻是不同的。我無法從裡面感知它的全貌。我可以感覺到它，也感覺到它的美好。但是我無法理解它，因為它是一切萬有。它就只是明亮的白光與振動。當我離開它之後，我想再次進入它，但是我在它的外面比在裡面更能感覺到它，感知到它是什麼。我想這是合理的。當你身在一棟建物，你無法瞭解你是在一棟怎樣的建築裡；你要走出去才能知道，才能看到它。這就是我現在的感覺。當你身在光裡，你並不知道，你無法明白它。你不知道它是什麼。當你走出去，你會驚嘆不已。然後，你想重回光裡。

合一的經驗結束後，我建議亞伯特把自己的能量跟高我的能量以及最高層級的愛、智慧與療癒融合在一起。建立起連結後，我詢問關於攝護腺癌的事。我得到的答案是亞伯特的今生是他的靈魂在地球上唯一的一次轉世，他來這裡的目的是積極幫助人類開展意識。但現在亞伯特的靈魂被限制在人類的身體裡，他的靈魂強烈想念合一的感覺。

他年輕的時候發現喝酒能促發脫離身體的感覺而獲得短暫的興奮感。他下意識以爲喝得愈多，心靈就愈自由。在差不多同一個時期，他發現性愛也能帶來類似的擴展感受。很快地，他對性愛與酒精上了癮。雖然他已戒酒多年，但是對性愛的沉迷一直持續到婚後。他對這樣的自己感到羞愧，於是下意識地想要扼殺性慾。他先是出現勃起障礙，後來則是罹患了攝護腺癌。

在亞伯特的催眠療程中，性壓抑導致的層層情緒與心理創傷被清除，不再在他的身體、能量場與意識裡。亞伯特的高我建議他每天練習在回溯中體驗到的那種連結感。他的高我說，他會在那裡找到他需要的支持。

## 練習　合一的冥想

你可能聽過萬物皆是能量以及一切事物相互連結的概念。你說不定相信這些概念。但你是否親身體驗過？理智上明白一件事與透過直接體驗得到的深刻了解的意義極不相同。如果你想體驗與一切萬有連結，我建議你做以下的冥想。

請給自己二十分鐘的時間。舒服地坐下或躺下。準備好筆記本寫下你的體驗或任何洞見與畫面。設定意圖，告訴自己你將要自由自在地探索，你知道自己是安全的。

首先放鬆身體，慢慢做幾個深呼吸。提醒自己，你打從心底知道該怎麼做。發揮想像力，隨心所欲地增加你想加的細節。

閉上眼睛，想像金字塔裡一個明亮的房間，就像亞伯特在回溯療程中看到的一樣。想像一個長方形的檯座緩緩升起。告訴自己這是一個入口，它能使你超越時間與空間。說出你想透過這個體驗與一切萬有連結的意念。現在，尋找通往檯座頂端的階梯，從容地爬上階梯。當你爬到頂端時，抬頭仰望上方。現在走到中央，雙腿穩穩地張開，舉起雙臂。允許你的意識擴展，不斷往上延伸。

如果有畫面與任何感受進入你的心裡，請好好體會和享受。不要刻意尋求答案，讓它們自由發展、展現它們神奇的力量。如果你不確定自己應該看到或體驗到什麼，就讓想像力引導你。問問自己合一會是怎樣的感覺。描述愈多細節愈好。不要因為這是想像就忽略這個過程。由於時間的同時性，你所想像得到的一切早已存在。

想像力是一種好玩的連結方式，它能幫你連結早已存在的一切，並把它們帶入你的實相—你的現實生活裡。繼續享受你在心裡創造出的好玩、開心的畫面與過程。很快你就會發現，你已深深感受到與一切萬有的連結。

當你準備好回到清醒的意識狀態時，讓自己慢慢地回到此時此刻。覺察自己的身體與周遭的環境。如果有所感觸，把這個經歷與體會寫在筆記本裡。

連結一切萬有能為心靈注入無條件的愛、支持和歸屬於一切萬有的感覺。體驗過後，你就會明白亞伯特所說的，「萬事萬物都緊密相連」。

我們在這一章探索了合一的不同面向；萬事萬物都反映你，就是因爲合一的本質。我們透過全像與量子力學檢視了合一的概念，也明白多樣性是來自「一」。當面對引發負面反應的人與情況時，我們可以利用不同的方法保持平靜，也因此我們討論了要如何找出限制我們的信念並加以改變。接下來，我們要繼續探索意識，看看寬恕在我們合一的能力中扮演怎樣的角色。

# 第六章　寬恕自己與他人

我美麗的妹妹艾莉住在芝加哥，她服務於一家慈善機構，我非常愛她。這家機構的慈善工作做得很出色，我想支持他們的活動，於是提供了一次免費的催眠療程當作他們慈善拍賣的內容。拍賣會結束後，艾莉說我的催眠項目引起轟動，得標者應該很快就會直接與我聯絡。我知道無論是誰得標，這個人都會在適當的時機來找我。

幾個月過去了。艾莉的第二胎預產期將至，於是我去芝加哥陪伴家人並分享外甥女出生的喜悅。抵達芝加哥的那天，我收到來自麗莎的電郵（就是我之前提過的麗莎）。她說她是在拍賣會標下回溯療程的買家，她已準備好安排時間接受前世回溯。這個時機眞是完美！我剛好在芝加哥，而且行程相當自由，所以我們有機會碰面。

麗莎是一位美麗女子，年紀三十出頭，金髮碧眼。她既聰明又有開放的心靈，是心智與靈性完美平衡的代表。她在美國中西部長大，大學念的也是名校。她在行銷界闖蕩但沒有什麼成就感，所以後來跑去當老師。

青少年時期的麗莎，身材愈來愈有女人味，但她對自己的身體感到很不自在。她形容這種感覺很像穿著一條濕掉的牛仔褲，只想快點脫掉。麗莎十六歲時，有次跟家人去一間瑞士乳酪火鍋餐廳吃晚餐。那天大家都吃得太飽，回到家只好催吐才能舒服些。那晚麗莎知道了她可以這樣控制這具令她厭惡的身體，於是她與食物之間的愛恨情仇就此展開。

十五年來，用餐時間一到，麗莎就會極度焦慮。她接受過治療，也嘗試過各種方法解決這個問題，然而效果不彰；麗莎從來沒有真正感到健康與完整。麗莎和丈夫試著生小孩，但是已經流產好幾次。聽到這裡，我一點也不驚訝。被嫌惡的身體怎麼可能創造出珍貴的生命？麗莎對身體的障礙就像揮之不去的恐怖陰影。我知道我們的催眠一定能找到答案和療癒。我建議她帶著信任與坦誠接受回溯療程。

催眠時，麗莎連結上幾個超靈同伴。之前我提過她前世是個人權律師，她在那一世學到擁有能夠一起分享的親愛家人和朋友是重要的事。但她也看到了另一世：一個不快樂的男性銀行家，時間是二十世紀初。這一世一樣很有衝擊力而且有警世作用。這個故事讓我們知道缺乏寬恕的影響。

這位銀行家住在倫敦。他幾乎擁有一切：財富、家庭和體面的工作，但他心中卻充滿憤怒。麗莎看著他一路走向一九三〇年代的人生盡頭，她描述他的身體狀況如何惡化，而且是從裡到外，因爲他總是在生氣。他無法原諒別人，也無法原諒自己。他緊緊抓住負面想法不放。負面心態最明顯的危害就是身體的退化與疾病。這位銀行家說：「呼吸變得痛苦，因爲空虛。憤怒陰魂不散，直到一切都被它趕走。連內臟也感到疼痛。這是非常眞實的破壞。內在的一切似乎都枯竭了。」

我相信麗莎連結到這一世人生，是爲了讓她知道她對身體的厭惡可能導致怎樣的後果。不過還有另一個更微妙但同樣具破壞性的危險，那就是她因爲飲食問題和對自己的負面想法使得她和家人間不再親密。不愛自己的麗莎在親情和感受親情的能力間築起了一道牆。

我問麗莎，超靈同伴銀行家的人生給了她什麼啓示。她說：「憤怒的力量和它所帶來的強烈情緒和毒藥般的想法非常強大，憤怒用這些擊垮我們。如果不加以控制，憤怒就會持續滋長，尤其是當我們的意識有負面存在空間的時候。如果沒有愛、情感連結與人際關係，憤怒會像雜草般地猖獗蔓延。我想我們必須對憤怒小心謹慎，就像我們可以在愛裡無憂無慮一樣。事實上，盡可能地分享愛很重要，尤其是在缺少愛的地方。」

這眞是智慧之語！我們都應該好好思考這番話，把其中的智慧實踐在生活裡。然而，我們要如何拔除憤怒的雜草？我們要如何讓愛更自由、更有力量地流動？我發現，答案就是寬恕。

我們內心的憤怒、怨恨與責怪，對自己的影響遠超過令我們生氣的對象。當心懷憤恨、不滿與報復的念頭，我們其實是在傷害**自己**。這些想法與能量會削弱我們。它們在我們的身體裡製造疾病，阻礙我們活在當下，不讓我們覺得自己是有力量的；它們妨礙我們創造渴望的人生。

寬恕就是釋放這些我們緊抓的負面想法。當我們放下責怪、選擇愛的同時，我們也釋放了自己。傳送愛是最具療癒力的行爲。本章稍後也會提到，寬恕是最重要的心靈成長工具之一。

在通往與源頭合一的路上，寬恕能清除一切障礙物。麗莎的前世回溯讓我們看見寬恕自己與他人有多麼重要，同時也教導了我們一件事：寬恕永遠不嫌晚。

## 與超靈同伴合作

由於時間在我們的認知中是線性的，我們覺得超靈同伴的人生都已經結束。可是就如之前的討論，超靈所創造的人生一直是在進行中，無論是否在同一年或同一個十年，或相隔幾個世紀。

在你閱讀這行字句的時候，你的每一世人生也同時存在著。由於每個人生都是進行式，所以人生的故事永遠不會「結束」。每一世人生的每個時刻都可以有各種詮釋，都能有新的可能性、新的選擇與新的結果。

當客戶回溯超靈同伴的人生時，他們看到的只是其中的一個人生版本，是那世人生諸多可能性之一。或許對有些人來說，這個概念很難理解。如果是這樣，請別花太多時間鑽牛角尖。你現在只要知道你有力量向超靈同伴傳送愛、療癒的想法、智慧，以及不同觀點就好了。你跟你的超靈同伴具有類似的靈魂頻率，因爲你們是同一個超靈所創造。因此，你有立刻連結上它們的內在能力。如果你在回溯時體驗到的是痛苦的人生，你看見的只是那世人生的一個可能版本。你可以告訴你的超靈同伴，還有其他可能性和道路可以選擇。把愛傳給他們。把光傳給他們。把平靜傳給他們。

在麗莎回溯的過程中，我問銀行家他的人生是否曾有改變的機會。他說：「我在想，如果有個可以切換人生的開關就好了。我覺得這是有可能的，但是我不知道該怎麼做。」幾天後我寫了電郵給麗莎，鼓勵她在冥想時把愛與希望傳送給她的超靈同伴，爲銀行家切換開關。不久後，麗莎回信了。

「你建議我傳送正面的療癒能量給他，這麼做確實切換了開關，**我的**開關！」麗莎如此寫道。顯然，我的話提醒了她，看似已經結束的人生故事也會出現新的可能性。我們往往只在思考未來的時候，才會想到不同結果的可能性。但是，如果時間是同時性的，超靈同伴的人生也正在進行中，那麼他們所做的新選擇就能在那一世創造出新的結果：一個不同於麗莎覺察到的人生版本。

「我沒想過他需要幫助。」她說，「我的時間觀念是線性的，我以爲他的痛苦早已結束。我覺得很有趣，我們很容易就跳回『我是住在這具身體裡的我，我只要關心這個身體和人生就夠了』的模式。」

麗莎決定傳送鼓勵與支持給她的銀行家超靈同伴。你隨時也可以這麼做。你可以在冥想的安靜時刻，或每當你想到超靈同伴那世的時候。塔拉就是個例子。讓我們來看看她的故事。

## 塔拉的故事

有時候幫助超靈同伴的強烈渴望會自動出現。我的客戶塔拉從沒想過超靈同伴可以互相幫助，但是在她的超靈同伴情緒混亂時，塔拉的內在智慧引導了她。

塔拉回溯的人生是一個叫做鮑伯的農夫。他摯愛的妻子快死了，鮑伯祈求上帝救她，但她還是過世了。鮑伯感到悲痛，他覺得上帝背叛了他，但他也認爲自己對妻子的死責無旁貸。知道鮑伯的想法後，塔拉便直接跟她的超靈同伴談放下、寬恕與愛：

> 塔拉：鮑伯，你沒有錯。你如此深愛妻子。你沒有犯任何錯。你必須寬恕自己。你必須原諒自己。求求你，這是為了我！也是為了你自己！鮑伯，你可以原諒自己。她離開的時候到了。你可以繼續活下去，鮑伯。她活在你心裡。永遠。她永遠跟你在一起。她也深愛著你。你可以感受到。你感受到了，鮑伯。我看見你在微笑！沒事了。沒事了。

塔拉離開出神狀態後，我問她爲什麼想幫助鮑伯療癒。她只這麼說：「他療癒了，我才能療癒。」

我們都曾在最黑暗的日子體驗到希望與光的片刻。誰知道呢？或許這樣的轉變是因爲超靈同伴爲我們切換了內在開關，鼓勵我們寬恕，並用愛和療癒支持我們。讓自己也成爲你的超靈同伴的支助吧！向他們傳送愛與善意。鼓勵他們原諒自己和別人。你永遠不知道你的能量會創造出哪些新的可能性。

## 寬恕自己的重要性

我們都知道寬恕對不起我們的人很重要。對大部分的人來說，寬恕並不容易；可是一旦我們寬恕了，就會覺得更輕鬆和自由。寬恕讓我們獲得心靈的平靜與前進的力量，而不是一直當他人與環境的受害者。

寬恕之所以困難，第一個原因就是我們以爲它必定很難。這是因爲文化的影響：「大家都知道寬恕很難，我又爲什麼會跟大家不同？」我們選擇緊抓著受傷的自我與悲傷的故事，因爲每個人都是這樣，所以我們認爲這麼做才是對的。儘管對我們毫無益處，我們還是繼續如此。其實解決之道很簡單：告訴自己寬恕很容易。這樣的信念是有益的，把它當作眞理。你來自源頭，在那個地方你沒有理由也無需與任何人分離。寬恕早已是你的本質，因爲你並不需要懲罰自己的任何一部分。

我們難以寬恕的第二個原因是，我們只專注在第一個步驟上：「寬恕他人」，從來沒有人告訴我們**寬恕自己**也很重要。寬恕是一體兩面的。只寬恕他人並不是完整的寬恕。

回溯完銀行家的人生之後，麗莎體驗的下一段人生是一個叫凱莉的少女。時間是一九五〇年代，凱莉是位美麗的十六歲女孩，她的男朋友叫做吉姆。凱莉的生命悲劇性地早夭。麗莎看見某晚凱莉坐在吉姆的汽車後座，他們原本打算去看汽車電影，但後來決定到樹林裡初嚐禁果。當凱莉反悔的時候已經太遲，她開始驚慌。吉姆試著安撫，她卻以爲吉姆想強迫她。在試圖安撫的過程中，吉姆意外扭斷了凱莉的脖子。

驚慌失措的吉姆聯絡凱莉的哥哥來幫忙。她哥哥幫吉姆埋了凱莉的屍體，並且對父母隱瞞事發經過。凱莉的屍體一直沒有被發現。

麗莎說她看見自己就是凱莉，一個脫離肉體的靈魂，站在廚房裡聽哥哥與父母的對話。她難以置信地聽著哥哥對自己的死扯謊，而爸媽似乎也就這樣接受。等到再也聽不下去時，她憤怒地衝出房子。

就在她跨過門檻時，一件有趣的事發生了。在那一刻，麗莎的靈魂選擇了原諒吉姆、哥哥與父母。麗莎立刻有種輕盈的感覺。後來我跟麗莎的高我對話，我請它告訴我在寬恕的那一刻發生了什麼事：

麗莎的高我：在靈魂的層次，寬恕是瞬間，立即發生的。

米拉：為什麼是立即發生？

麗莎的高我：因為靈沒有必要懲罰自己的一部分。我們都是彼此的一部分。

聽到這裡，我的心中充滿喜悅。我真心覺得好像有個小天使唱詩班在我心裡演唱天堂的樂章！**靈沒有必要懲罰自己的一部分；我們都是彼此的一部分**。這就是爲什麼寬恕在死後的世界是立即的。我的心中湧現好多想法，其中一個是感恩：我很感謝自己有機會獲得如此深刻的體會。另一個想法是渴望，我想告訴世人，停止傷害彼此、開始寬恕，這真的很重要。

麗莎的高我繼續闡釋：

麗莎的高我：當你寬恕某件事時，這件事就徹底結束了。真正的寬恕是一件非常困難、非常人性和理性的事。你可以嘴上說自己已經原諒某人，但人類習慣以某種方式保有經驗，目的是當作教訓、讓自己以後更小心。人會有一種「是的，我原諒你，但你總會得到報應」之類的想法。人類有這個傾向。然而真正的寬恕意味著結束。你原諒他。你把那個不需要一直放在心上的事情放下了。這個道理看似簡單，要做到卻非常困難。這就是為什麼很多人祈求自己有足夠的力量，在靈魂層次上做到真正的寬恕；因為在靈魂的層次上寬恕，要來得容易得多。寬恕不是忘記曾經發生過的事，而是不再帶著對它的評價過日子。是的，這件事發生了，它是你的過去的一部份。但當你原諒了對方，這件事就不再有「好」或「壞」。你寬恕了。這件事發生了，也結束了。

米拉：所以它變成中性的，沒有好或壞？

麗莎的高我：對。而且寬恕可以為你建立許多連結。不要把這看成是兩個人之間的對抗。對抗只會產生隔閡與分離。寬恕是建立連結的美好行為。

麗莎的高我所說的話，是了解寬恕爲何如此強大的重要關鍵。寬恕讓我們放下不平、氣憤與責怪；這些情緒製造隔閡，寬恕則讓我們連結彼此。一旦心智瞭解了爲什麼徹底寬恕如此重要，我們才更能做到毫無保留地放下。寬恕確實是通往合一的路。

麗莎告訴我，當凱莉離開時，她可以感受到凱莉的能量（也就是凱莉的靈魂），移動到「另一個層次」。我請她的高我多說一些：

麗莎的高我：當我們從一世到下一世，或甚至從一個時刻到下一個時刻，我們的靈魂會帶著情緒一起移動。純淨的心靈可以讓我們連結更大的愛。但負面情緒是沈重的負擔，是一種反胃的感覺。是空虛、寂寞、分離的感覺。這樣的能量釋放得愈多，靈就升得愈高。靈慢慢接近合一，這從人類的觀點來看似乎不好，因為我們不想失去自己的人格。但放下這些負面情緒，你才會更快樂、更有成就感、更能與一切連結。透過寬恕，你完全遠離這些負面能量。如果凱莉離開時帶著捍衛自己的能量，帶著恨以及不公平的感受，這些能量就必須在另一世人生取得平衡。我現在看到的畫面是一個裝滿白色彈珠的玻璃罐。你可能會帶著幾顆黑色彈珠，它們代表負面能量。當你開始你的人生，你不太清楚這些黑色彈珠從何而來，或是你為什麼保有它們，但它們就是在那裡。也許隨著時間過去，透過練習或類似這樣的催眠回溯，你就可以想通，你會知道它們是怎麼回事，然後放下它們。

米拉：如果麗莎能夠寬恕，是不是可以減少她跟那些需要寬恕的人的來世連結？

麗莎的高我：是的。不過不是那麼簡單。讓我繼續用白色彈珠的例子。你帶了幾顆黑色彈珠進入那一世？當離開那世時還有幾顆？如果你在那一世製造了很多正面能量，徘徊的負面能量就比較容易被釋放，也比較容易寬恕。因為到人世終了時，你無法假裝。離開人世是個真實無比的時刻。那一世的能量不會說謊。它騙不了自己。

麗莎的高我繼續強調麗莎必須寬恕自己的重要性。有一部份的麗莎因爲凱莉的死而責怪自己的身體；如果她不是這麼美麗迷人，吉姆就可能不會失手殺了她。因此她必須原諒身爲凱莉那世的自己與自己的身體。

此外，麗莎必須原諒自己在這世把許多事放在心上。高我說麗莎的內在累積了「一堆」責怪自己的負面能量。這些負面能量製造了沈重的情緒與能量負擔。

高我也指出非常重要的一點：寬恕有兩個同樣重要的面向。第一個是原諒傷害我們的人，第二個是原諒自己。要兩個面向都做到，我們才能完全釋放執念，回歸到愛與合一。高我說麗莎很能寬恕別人，所以不會心存怨恨；但是高我建議麗莎一定要原諒自己。在療癒的路上，釋放責怪自我與罪惡感也很重要。（第一八二頁的練習會詳細說明作法。）

我接著請高我進一步說明麗莎為什麼需要寬恕自己：

> 麗莎的高我：靈魂離開人世的時候，會帶著那一世的情緒能量。雖然凱莉能夠原諒吉姆、哥哥與父母，但她是把責任擔在自己身上。就像：「我原諒他們，這件事都怪我。」她無需如此，但這是原諒那一刻她心裡的想法。她覺得罪魁禍首是自己的身體。她的靈魂這麼解讀當時的情況，而這也是她能夠如此快速寬恕每個人的原因。靈魂後來便帶著這些感覺進入這一世。

療程中，麗莎切斷她與凱莉這個體驗的能量連結。她接著原諒自己，並允許探討自己跟身體的關係。麗莎意識到凱莉的死讓她害怕擁有曼妙身材，她於是決定做出不同的選擇。她跟自己的身心靈達成了新的協議。這個嶄新的生活方式轉換了她的實相，現在她的人生充滿喜悅，而且她很喜歡自己的身體。

## 自殺與寬恕

自殺這個主題不只在我的催眠回溯療程經常出現，每當人們知道我的職業後，也常提及這個話題。當我們講到寬恕，我們也必須討論自殺對靈魂的影響。

我個人從未想過自殺。我很幸運，我只聽過別人有自殺的念頭，在我認識的人裡面，沒有人自殺。然而，統計數字顯示，用自殺做為逃避手段的人很多：二〇〇八年全國藥物濫用及健康調查的結果揭露，全美有八百三十萬名成年人曾在前一年認眞考慮過自殺；有兩百三十萬人計畫自殺，一百一十萬人嘗試自殺。世界衛生組織指出，自殺在某些國家是十五到四十四歲國民的前三大死因。世衛組織估計全球每年約有一千萬至兩千萬人嘗試自殺。

這些數據令人心痛。生命是很神聖的過程，活著就是允許一切萬有透過我們的獨特人生觀點去開展和認識祂自己。考慮自殺的人之所以會有這個念頭，是因為無法透過造物者的雙眼看見自己的價值。我們陷入懷疑、恐懼、不安，以及別無選擇的強烈感受。然而自殺的行為，這種結束肉體存在的能力，卻證明了我們握有完全的控制。我們不但控制自己的身體，也控制我們創造與體驗生命的方式。

你當然可以說，每個人都有自殺的權利。畢竟，自由意志是存在的基本原則，不是嗎？是的，確實如此。我們都有選擇生死的自由。然而，在人世的壽命已盡而死，跟出於絕望的刻意自殺之間，有著非常重要的差別。

靈魂轉世的目的是創造、學習與體驗特定的課題。靈魂在地球上創造的獨特觀點與經驗都會令它更充實豐富。當靈魂在肉體形式時，高我清楚知道靈魂的目標是否已經達成。學習完這些課題後，靈魂就準備好回到非肉體的狀態。甚至連死亡的經驗也是學習的機會。

大多數自殺的人並不知道死亡只是一種能量的轉變，是從一種存在狀態轉移到另一種。在靈魂離開身體的那一刻，它立即回到沒有限制的狀態。它會記起自己爲什麼選擇那些人生狀況，它會明白不逃避地面對那些挑戰有多重要。靈魂知道逃離肉體實相，就等於沒有完成它在轉世前做的選擇。於是這個靈魂會幾乎立刻轉世，而且進入的是它當初逃離的類似情境。

當我們被痛苦的情緒折磨時，眞正的解答是要釋放這些情緒，並且寬恕自己與他人。我爲塔瑪拉進行的回溯療程就能說明爲何透過寬恕療癒情緒如此重要。

塔瑪拉是很有魅力的女子，美麗又高雅。她在洛杉磯長大，她家是移民家庭，過得很辛苦。青少年時期，她發現使用毒品跟酒精可以紓緩恐懼、問題與不安全感帶來的痛苦，於是她的人生充斥著狂歡舞會和搖滾樂，等到清醒時，已是幾十年過後。她用非常平淡的語氣告訴我，她曾有過毒癮。她提到海洛因、大麻與美沙酮，但她說這些都是過去的事了。

跟我碰面的幾個月前，她的人生有了徹底的轉變。她搬到另一個城市，遠離了親友。毒品跟酒精對她不再有吸引力。她打開心去認識自己並且學習寬恕。她對自己的成長感到興奮，因此想跟我約催眠療程，因爲她想明白這一切。

塔瑪拉在回溯中經歷的人生是一位總是說眞話和表達信念的年輕男子。他很勇敢，也不在乎別人的想法。由於他的信念，他後來被判無期徒刑。監獄是個陰暗、潮溼的洞穴，他無法想像在這種地方過一輩子。爲了逃離這樣的處境，他用纏繞在手臂上的鏈條勒死自己。

我與塔瑪拉的高我對話時，提出幾個與自殺有關的問題：

米拉：自殺的人會發生什麼事？

塔瑪拉的高我：他們必須回來再過一次「地獄」般的人生，不再自殺，把人生完整過完。他們必須經歷那些煩惱與問題。他們必須學習。**你必須學習。**你必須經歷。你必須撐過去。你必須學習這一切。然後，你必須放下。這才是重點。

米拉：轉世後碰到的問題是否會跟自殺那世一樣？還是不一樣？

塔瑪拉的高我：表面上不一樣，但是根源一樣。相同的問題以不同的形式呈現。那些是必須學習的課題，但在上一世沒有學會。

我問高我，塔瑪拉爲什麼在催眠中看到那樣的一世，高我說：「逃離不是答案。你不可以逃離。你不能以爲你可以逃離命運和你必須經歷的人生。它會追著你，直到問題解決爲止。」

我繼續問高我，塔瑪拉要做哪些步驟才能寬恕自己和他人，好繼續她的人生。「面對它。」高我回答，「感受它。接受它。解決它。然後放下它。這就是該做的。步驟就是這些。」

高我也承認學習不逃走、誠實地面對人生，對塔瑪拉來說並不容易。但值得高興的是，她已找到正確的方向。

我們居住的宇宙充滿了善意。造物者就是純粹與無條件的愛。造物者愛我們每一個人，在祂的愛裡，祂允許我們遺忘自己是擁有那麼多愛。因爲祂愛我們，所以祂允許我們去體驗那個被遺忘、被忽略、不夠完美的自己——如果我們這麼選擇去看自己的話。然而我們一直都是被愛與支持的，無論我們知道與否。

❖　❖　❖

如果我們眞的都是超越時間而永恆的存在體，我們可以視需要而轉世無數次，直到滿意地掌握課題爲止，那麼我們要問的問題應該是：何必自殺呢？結束生命並不會結束痛苦。你幾乎可以百分之百確定，當再度轉世時，你會選擇與當初逃離的類似人生；那麼趁現在盡力面對挑戰不才是合理的作法嗎？

在最黑暗的時刻，當似乎走投無路的時候，請振作起來，把這句話牢記於心：「不會永遠都是這樣。」我小時候每次感到沮喪時，父親曼諾．帕斯李瓦（Manol Pasliev）總是用這句話鼓勵我。他很有智慧地給我希望，提醒我改變是人生裡唯一不變的事。

靈魂是永恆的。就算你從未考慮過自殺，我也想請你跟親友分享這些想法。我們可以攜手驅散自殺的黑暗，把光送給成千上萬需要知道自殺並非答案的人。這份領悟除了可以直接改變人們對自殺的想法，它也讓我們在生活各個面向都感到更有力量。

如果你想要改變令你不愉快的處境，眞正的關鍵就在於寬恕。寬恕讓你明白你不是受害者；你在自己的人生裡不是軟弱無力的。告訴自己，你是如此恢宏壯麗。此時此刻的你非常、非常強大；就算面對不喜歡的情況，你也有力量改變人生，你並不需要傷害自己或他人。

## 寬恕的啓示

當令人困擾或不悅的事發生，表達痛苦是人之常情。我鼓勵大家努力改善情況、療癒痛苦，譬如採取行動阻止不對的事、尋求專業協助、釋放情緒或是分享和表達情緒。不過，我也建議你做一件你可能沒想過的事：把對方的行爲跟那個人分開思考。譴責傷害你的行爲，但不是做出這個行爲的人。因爲譴責人只會造成隔閡。記住麗莎的高我所說的話：「靈沒有必要懲罰自己的一部分。我們都是彼此的一部分。」寬恕是一種清除的工具，它能幫助你回到合一與內在的平靜。

釋放痛苦，盡力改正錯誤，但不要與對方爭鬥或攻擊對方。努力去了解對方的動機。所有的惡行追本溯源都是來自沒有力量的感覺：對方沒有能力在不傷害自己與他人的情況下實現他的渴望。

對不起你的人也是來到地球上學習的靈魂。你可以從自己身上了解對方跟你一樣微小而神聖，他也一樣緊抓著少了寬恕的人生故事。了解對方的動機並不是爲了幫他找藉口，而是爲了眞正地對他感同身受。

當你感同身受，對不起你的人就不再是你必須對抗的高大又可怕的怪獸。他只是一個渺小而神聖的孩子，不知道自己眞實的力量。當你對某人感同身受時，你已非常接近完全的寬恕……然後，就這樣放下吧。你不是因爲對方值得寬恕才寬恕他，而是因爲你值得擁有平靜的心靈。寬恕是因爲跟要求「正確」比起來，你更愛自己。

接下來我要跟大家分享我的老師朵洛莉絲．侃南說過的三句話。眞心說出這幾句話能夠發揮巨大的力量：

**我原諒你。我釋放你。我放下你。**

若是要寬恕自己，加上這句：**我原諒自己**。因此這段眞言會是這樣：

**我原諒自己。我原諒你。我釋放你。我放下你。**

牢記這幾句話。把它們當成祈禱文，每天碰到任何情況都能用上。碰到令你不舒服的狀況時，不要悶在心裡，這樣只會招來更多類似經驗。你可以立刻唸出這段話，然後選擇在當下立刻釋放。

還有一段我很喜歡的祈禱文也有轉變能量的力量，這段祈禱文來自塔巴什（Tabaash），一位透過布萊爾．史戴拉（Blair Styra）傳訊的心靈導師。我用這段祈禱文幫助需要寬恕自己與他人的客戶。如果寬恕是你正在努力的課題，請把這段禱文寫在一張紙上，放在皮夾裡隨身攜帶。隨時想到就把它拿出來讀一讀。就算只是在打開皮夾時看到它，知道它一直在身上，也能幫助你駐留在你喜歡的實相裡。

以下是塔巴什的祈禱文：

賦予我存在的神

我清空自己、清空心智、清空身體與心靈裡限制我的一切，

清空那些對我沒有幫助的執念，那些對我沒有益處的沈溺。

對於我傷害過的每一個人，我請求寬恕，

無論是在今生或任何一世，無論是在哪方面或何種形式的傷害。

我寬恕每一個傷害過我的人，
無論是在今生或任何一世，無論是在哪方面或何種形式的傷害。

我也寬恕自己，無論我曾以何種形式傷害過自己，
我寬恕自己每一次的心不在焉，
無論是今生或任何一世，無論是在哪方面或何種形式。

現在，我選擇心靈的平靜。
我也會永遠如此選擇，無論是在哪方面或何種形式，
我總是選擇心靈的平靜。

## 練習 寬恕的過程

當你覺得有人對不起你的時候，這個練習很有幫助。第一個步驟是探索你和這個人在其他世的連結，試著了解他的動機由來。當你明白你與對方在不同人生的交織關係後，你將會比較容易寬恕對方。

這個練習的第一部分是回溯自己的前世。你可以利用附錄A的回溯文稿。你可以自己唸出導引詞並錄音回播，或是請一位信得過的朋友幫你唸。你也可以選擇用我的CD《前世回溯與超越輪迴》裡的導引詞（請見「其他資源」）。

當你準備好要探索前世時，請保留至少四十分鐘不受干擾的時間。把筆記本放在手邊，方便等一下寫下心得。在開始進行之前，心裡想著你將要去探索有助於你理解目前面對的挑戰的那一世。

按下播放鍵，相信自己一定會找到所需要的資料。如果回溯讓你體驗到情緒的宣洩，請給自己時間整合你看到或感受到的體驗。如果淚水湧現，允許這些情緒發洩。回溯之後你可能想要做些記錄，或是給自己一點時間沈澱、泡個澡或喝點水。請傾聽你的直覺，溫和地對待自己。你可能會選擇在同一天進行回溯和接下來敘述的第二個步驟，你也可以另外選一天進行。無論怎麼選擇，只要相信內在的引導就行了。

第二個步驟是創造一個環境，讓自己繼續進行這件重要的工作。你可能想要點一支蠟燭、燒線香、播放輕柔的音樂或握著你最喜歡的水晶。找一處舒服與寧靜的地方坐下。給自己至少二十分鐘。確定你準備了本章提到的兩個禱文：寬恕真言與塔巴什特殊祈禱文。當你在感受與進行每個步驟時，請不要急，慢—慢—來。

首先，閉上眼睛，想像源頭的無條件的愛強有力地進入你的頭頂。它洗淨你的心智，也洗淨你以為自己必須緊握舊思維的思考模式。感受神性的愛流貫你的全身，釋放了儲存在細胞裡的記憶，洗淨了你的能量場。現在，透過你的想像力，想像你把源頭的無條件的愛集中在心輪地帶。感受愛進入你的心。感受它療癒你的心。大聲說出「我原諒自己。我原諒你，＿＿＿＿。」（空格裡是你的名字）。全心說出這句話。你可以多說幾次，直到內心深切感受到你已原諒自己。

接著，想像一個你想要寬恕的人就站在你面前。感覺到你的心發出神性的光與愛，你的心跟對方的心，透過這個有力的光束連結在一起。如果你有話想對他說，好讓你們之間的關係圓滿劃上句點，請說出來。大聲表達你的感受與悲憫。謝謝他帶領你到生命中更美好的地方，謝謝他讓你變得更堅強。然後，深吸一口氣，大聲說出：

**我原諒你。我釋放你。我放下你。**

全心說出每一個字。如果你想的話，也可以重複多說幾次。

現在，你看到他慢慢被光融入，消失在光裡。深吸一口氣，感受這個經驗為你的內在帶來的明晰與擴展。

練習的最後，請慢慢地大聲讀出塔巴什的祈禱文。你唸出的每一個字都要帶著真心誠意。完成後，請做個深呼吸，知道一切如是。你已進入新的存在狀態：更自由、更清明。

## 寬恕就是自由

寫這一章的時候，我剛好幫個案瑪莉亞做了回溯療程。她看見自己的靈魂群組圍繞在身旁，而且生平第一次感受到深刻的歸屬感。當她看見自己擁有這麼多愛時，眼淚滑下她的臉頰。瑪莉亞的靈魂群組告訴她，她今生唯一的目的就是做自己、散播愛給身旁的人。遺憾的是，不願意寬恕讓瑪莉亞無法閃耀光芒，也讓她無法減去多餘的體重。這些多餘的體重表示她需要放下的憤怒。

靈魂群組說：「你知道如何寬恕。當你寬恕，你就釋出了你內在的光。緊抓住過去的錯誤只會阻礙你的創造力。你在阻礙自己的能力與知識。當你寬恕，你就能以光照耀每一個人。」

「你一寬恕，所有的障礙與阻礙都會瓦解。寬恕會改變振動。更高的振動會開啓空間和可能性。憤怒與仇恨是沈重的灰色能量。寬恕可以釋放它們。寬恕可以潔淨。你一寬恕，就能改變自己的能量並發光。你也改變了你的人際關係。你可以輕鬆自在地前進。你不再執著於人，不再執著於外在情境。如果你尚未寬恕，你就像是拖著他們緩慢前進，猶如拖著沈重的鐵鍊。你一寬恕，新的機會和空間就出現了，因爲你轉換到了新的次元，你就像釋放氣球一樣釋放了自己，就像電影《天外奇蹟》（*Up!*）那樣。」（這部動畫片的主角把房子變成一艘飛船，靠上萬顆氦氣球飛上天空。）

我之前與麗莎的療程讓我更加了解寬恕爲何如此重要。麗莎身爲凱莉的前世使我明白，寬恕是最重要的心靈工作。拒絕寬恕會阻礙我們與一切萬有合一，也阻礙了我們自己的靈魂成長。寬恕是通往合一的清理工具。它創造一種深切的平靜感並且釋放創造力，讓我們得以發揮最大潛能。

放下憤怒、責怪與仇恨之後，會有各種新的可能性出現，其中一種是操縱時間。伴隨存在的同時性而來的，是非常有趣的各種人生可能性。我們將在下一章探索這些主題。這方面的資訊將會打開一扇通往心智新次元的大門；你將會發現自己身處在一個充滿奇蹟的世界，而且你將以全新的方式感受一切。

# 第七章　你可以操縱時間

你我都以線性時間處理人生中發生的每件事。我們認爲昨天、一個月或一年之前發生的事屬於「過去」。我們安排發生在「未來」特定時刻的度假計畫與約會。這樣的安排合乎邏輯。我們都知道時間的行進方向是從過去走向未來，不是嗎？這是人類全體的少數共識之一。那麼，如果我們相信時間向前流動是不爭的事實，時間又怎麼可能是同步的呢？

物理學家告訴我們過去、現在和未來都是同一時刻。愛因斯坦支持存在的同時性，否定我們所感受到的時間差異。當他的摯友米蓋雷・貝索（Michele Besso）過世時，他在給貝索家人的信中寫道：「他比我早一點離開這個奇特的世界。這沒有什麼。像我們這種信仰物理學的人都知道，過去、現在和未來的差別只不過是一種頑固的錯覺。」

愛因斯坦此言使我們明白過去的事件並非永遠消失，而是存在並發生於此時此刻。同樣地，所有的未來事件也早已存在。我們感受到的時間的客觀流動只不過是海市蜃樓。源頭並不經驗時間，但人世間的我們卻感受到結構嚴謹的時間。我們要如何同時理解並調和這兩種觀念？

時間並不需要存在**或**不存在。雖然從地球的觀點看來，時間似乎是有嚴格限制的，但事實上時間的本質是具包容性的。時間既是同步的，**也是**線性的。它不僅存在於「時間」，也存在於「無時間」。除此之外，它也存在於兩者之間的空隙。時間的存在隨著你的視角而改變。你觀察事件的視角決定你如何感知這些事件的時間性。

時間是一種集體意識共同建立的結構，它是地球的遊戲規則之一。它是一種創造工具，因爲它界定了遊戲場的範圍。我們每一個人都同時地在自己的意識裡創造時間，也因此強化了集體意識所同意的時間，雖然如此，我們偶爾也會跳出時間框架。我們會說：「玩樂的時間過得特別快。」這種經驗證實了時間是我們用來覺察的濾器。

當我們跟孩子一起玩、看一本好看的書或與朋友聊得很愉快，時間的結構似乎就消失了。我們在那些時刻裡徹底活在當下，專注於「現在」的喜悅與滿足。我們如此專注在讓自己快樂的事情上，以至於我們創造了幾乎或是完全的「無時間」。於是當活動結束時，我們會看著時鐘說：「居然是這個時間了！」在那一刻，我們又快速回到集體意識所理解的時間結構裡。

## 時間與創造

雖然時間是固定且有限制，但它有一個重要的目的。它允許我們體驗創造的過程。想想你等待心中的渴望慢慢實現的過程。那是多麼令人沮喪的感覺！如果每一個願望都能立刻實現就太棒了，不是嗎？

在時間並非影響因素的存在次元裡，創造**的確是**立即成眞的。我能向你保證你的靈魂在瞬間創造了宇宙。在轉世之間的次元，當我們處於靈魂的形式，但凡心中所想都能立刻成形。但是在人世的次元裡，只有眞正的大師才能瞬間創造。眞正的大師才能有技巧地結合想像、渴望、引導、行動，然後實現創造。我邀請你思考這些話的重要涵義。你選擇了轉世到一個限制重重的地方：空間與時間只是其中兩種限制。這個地方也充滿了潛在的負面能量。但是你依然到了這裡，因爲你知道自己的力量與能力。你是眞實的煉金術士，透過愛的力量，你能夠超越限制。因此，請給自己一個肯定，無論你現在的情況如何，你都做得很好。

一旦我們知道自己的力量有多強大，創造的過程就會變成一個愉快的旅程。空間與時間都是值得珍惜的恩賜。在渴望與實現之間的空間與時間裡，你成爲夢想本身。你成爲你所渴望的現實。在每一次的相遇，你變成符合渴望的振動。在每一次的人際互動，在你經歷的每一個事件，你不斷爲自己闡明你想要顯化的渴望與選擇。你變成更豐盛的你，而這就是你的存在目的。

在靈魂的次元裡，過去、現在與未來融合成永恆的此刻——「沒有時間」的當下。在這裡，意識在同一時刻體驗它從各個不同觀點所創造的一切。你的靈魂並不受空間與時間的限制。空間與時間存在於創造它們的意識裡。

你決定把自己投射到地球的特定時間裡，因爲令人振奮的改變正在發生。人類正因爲研究形而上的概念與探索自己的意識而漸漸覺醒。我們對光的尋找不再是偶發的單一行動，只是小小的螢火蟲在夜裡發出微光。現在已有成千上萬的人類公開探索靈性，人類集體意識的次元轉變正在發生。我們選在這個時刻來到地球，就是爲了參與跟協助這場蓬勃的創造。

數世紀以來，人類信奉的牛頓學說的時間與空間——時間與空間是客觀現實的兩個獨立面向——強化了與源頭分離的觀念。但時代已經改變。我們正在進入一個有更多和諧、有更多愛與身心健康的實相；在這個實相裡，我們有意識地認知到彼此之間在地球上的連結。我們選擇跳脫舊有的限制並變得更爲擴展，我們努力去了解和滋養我們與源頭之間的關聯。正因如此，重新詮釋我們在地球上感受到的時間是一件重要的事，因爲這樣才能更輕鬆地消除分離的心理界線。當我們與合一調諧時，時間結構自然不再那麼僵硬。時間變得像粘土，我們可以拉長、壓扁、塑造和操縱它，這讓我們明白自己是多麼強大的創造者。

## 思維的轉換

目前爲止，在人類的旅程中，時間一直都是這場分離遊戲的主要規則。它強化了我們與一切萬有之間的分離感。我們用線性的濾鏡過濾意識，讓自己離開了源頭的同時性與立即性。我們以分離做爲創造實相的基礎（這種方法很有用）。我們把時間加諸在自己身上，讓源頭有更多方式了解自己。但就如所有的事情一樣：改變觀點才能成長。

我們現在漸漸體認到內在有種強烈渴望——渴望成長、擴展與連結。我們想要感受到無條件的愛與支持。我們渴望回到源頭，如初次認識它。如果想在物質生命時做到這點，我們就必須拋開傳統的時間與空間觀念。時間不是既定的事實，請把它當成一種工具。時間源自你內在的意識，所以你**才是**時間的主宰。請開始質疑你對時間的想法，允許銳利又明確的「時間」邊界軟化。

這個簡單而深刻的思維轉換能產生巨大的改變。知道自己能夠操縱時間會賦予你力量，讓你知道自己是個創造者。當你接受這個新的時間定義，你的人生會變得非常神奇。可能性的範圍將會擴大，你也將會慢慢體會到與一切萬有的合一，以及萬事萬物的同時存在。

❖ ❖ ❖

當偶發的無關事件時機完美地聚合在一起，會給人一種興奮與美好的感覺。同時性體現了宇宙的全像本質：萬事萬物實爲一體，只是一切萬有的不同面向從不同的觀點去體驗罷了。同時性提醒我們，萬事萬物的存在、發展與顯化都發生在同一時刻。我們愈是活在當下，就愈能夠體驗到同時性。

我最近從紐約市飛到聖地牙哥跟朋友碰面。我抵達的那天早上，朋友正從洛杉磯開車南下。我並不知道他們幾點會到聖地牙哥，因爲我們已約好要在飯店碰面。飛機在閘門旁停好時，我傳了簡訊說我已降落，順便問他們是否已經到了。十分鐘後，當我走向機場出口時，電話突然響起。

「我剛拿起電話要打給你的時候看到你的簡訊。」朋友說，「你上計程車了嗎？」

「還沒，」我說，「我正要叫車。」

「信不信由你，我們離機場只有幾分鐘車程，可以順道去載你。」

這種同時性已成爲我人生的特徵。我相信你也碰過多次類似的情況；生命毫不費力地讓每件事水到渠成。宇宙的組織力之巧妙令人驚嘆。光是我剛才舉的那個簡單例子，就需要許多條件互相配合才能達成。我的朋友必須在正確的時間離開洛杉磯，高速公路的路況必須恰到好處，我離開紐約的班機不能延遲，朋友必須剛好在距離機場幾分鐘車程的地方，又必須剛好在我搭上計程車之前打給我。如果要我刻意安排這幾件事，我很懷疑我能否安排得如此行雲流水。一個小小的事件居然需要如此精妙的配合！

人生的每個時刻都是完美的精心安排。此時此刻的每件事都是爲了支持你、提升和豐富你而存在。整個宇宙同心協力，在你需要的時刻提供你所需要的。你只要信任與注意就行了。信任你需要的東西會在適當的時間出現，同時聆聽直覺、保持覺察，才能在你需要的訊息——協助與答案——出現時看到它們。

## 完美時機

操縱時間的方法之一是不要注意時鐘上的「時間」，把焦點放在「時機」的概念上。首先請調整信念，別再相信事情必須在特定的時間發生。從宏觀的角度來看，每件事都是發生在最佳時機，無論它是否符合你的期望。

以前「準時」對我來說非常重要。事實上，我以前對自己的準時相當自豪。我認爲準時代表我是一個認眞、可靠的人。我也認爲準時表示我對對方的尊重。想當然耳，遲到的人令我惱怒。那段時候，我總是習慣戴著手錶。事實上我擁有好幾隻錶。有的是休閒款式，有的比較高雅；我把手錶當成首飾配戴。

後來，情況就不一樣了。我不太確定是怎麼回事，但是我突然變得跟以前完全相反。我變成我以前討厭的那種人！我老是遲到，無論是聚會或活動。我也不再戴手錶。（老實說，我不知道我以前喜歡的那些手錶到哪兒去了。）幸好每次跟朋友或家人聚會遲到時，我都可以用工作當藉口（當然這也是實情）。儘管從來沒有人罵過我，但是甩不掉的焦慮一直跟著我。我總是趕來趕去，而且因爲讓別人等待而感到愧疚。

在以往，伴隨準時而來的刻板與焦慮使我無法全心感受每個時刻的喜悅，因爲我必須注意時間。然而，因爲遲到和時間不夠而有壓力也不是件好事。我知道一定有第三個方法，讓我既能放鬆享受每一刻的喜悅又能準時赴約。

我請求高我的協助後不久，我對時間的理解就開始擴展。我體認到時間不是我必須追趕的外在之物。是**我**創造了自己意識裡的時間。因此，我可以操控它。由於我創造的時間自動會與其他人創造的時間同步，我知道我可以信任自己的內在時鐘。也由於時間機制已經存在心裡，我只要用不同的方式指揮它就行了。

我把意念放在精準的時機上。我選擇跳脫**時間**，進入**時機**。我爲自己寫了一句眞言：**我的時機總是完美**。**我的時機總是恰到好處**。當我選擇肯定這個眞理，無論身處何處，世界都爲我證實了這個信念。

我現在能全心地感受每一刻。每次遲到，我的時機也總是恰到好處。通常發生的情況是對方也剛好遲到！最近正好有件類似的事。有一場重要的會面，我很期待也有些焦慮。我只抽得出一個小時的空檔，所以赴約途中不能有任何差池。我好整以暇，從容不迫地做好準備。離開家時我看了一眼手機上的時間，我嚇壞了，因爲我發現我至少會遲到三十分鐘。我急忙加快腳步走向地鐵站。

沒多久，手機響起，是我待會兒要見的人打來的。他說**他**會遲到，大概會遲三十分鐘左右。掛上電話之後，我慢下腳步。我鬆了一口氣，有點厚臉皮地提醒自己：「看吧，米拉！我的時機總是完美，我的時機總是恰到好處。」

隔天我又有一次製造時間魔法的機會。我正要去赴約，當然我又遲到了。會面的時間是早上九點，但是我最快九點十五分才會到。這也是一場重要的會面，我眞的不想遲到。

我離開家走向地鐵站的時候，我提醒自己，我的實相由我創造。我告訴自己我可以壓縮時間，所以能夠花較少的時間抵達會面地點。我不要像預估的那樣遲到十五分鐘，我要**提早**十五分鐘抵達。也就是說我必須製造實際上並不存在的額外的三十分鐘。我簡單明瞭地告訴自己要在八點四十五分抵達。我提醒自己在不同的「此刻」之間並沒有因果關係與連續性。

前往目的地的途中，我刻意不去看周遭的時鐘。如果看的話，我就無法確認自己的計畫是否有用，而且也不需要處理任何可能出現的疑慮。當抵達時，我拿出手機，沒錯，剛好八點四十五分。那一刻我有一種愉快的勝利感與成就感。

## 練習　為自己計時

這個練習不同於之前的練習。它的目的是帶給你獨特的體驗，而不是一個按部就班的過程。與其給你步驟，我希望你運用自己的直覺與內在指引。

首先，問問自己，生活中哪些領域的時機需要改善。然後利用我的小小真言：我的時機總是完美，我的時機總是恰到好處。不斷重複這句話。你若要體驗到自己操縱時間，關鍵就在於相信自己。當你指示自己擁有完美的時機，你就會擁有完美的時機。接下來靜靜觀察你的新信念如何成為你人生的組織力。它不但會確保你準時抵達，也會確保你有充足的時間做你想做的事。

我鼓勵大家不戴手錶。對戴手錶很執著以及覺得這樣的想法簡直瘋狂的人，我建議你們先試試一天不戴手錶。這是熟悉內在時間與信任內在時間的好機會。你還有手機可以看時間，就算不看手機，還有很多陌生人樂意告訴你時間。不戴手錶的好處是你體驗到自由。你把自己放出堅固的牢籠，允許自己遵循直覺，與永恆源頭的能量一起自在流動。

因為時間是人類經驗中的一個面向，你可以把完美或絕佳時機的概念用在你想完成的任何目標上。它可以是很小的目標，例如去你最愛的咖啡館時沒人排隊，或是烤感恩節火雞時不用計時器。你可以應用這個原則在你相信會得到最高收益的時候買賣股票。當要做重大決定，譬如推出新產品或賣掉家族企業，你也能從完美時機的意念中獲益。

帶著孩子般的玩樂心情與好奇心去操縱時間。這個好玩的方式能讓你明白自己是強大的創造者。

## 「現在」的力量

如果愛因斯坦說得沒錯，過去、現在和未來的差別只不過是一種頑固的錯覺，那麼爲什麼我們的感官無法證實這一點？答案就在於我們理解世界的養成過程。我們從襁褓期就受到制約，被教導以因果關係的方式思考。如果你多花幾分鐘跟正在探索世界的孩子相處，肯定會聽見他們的父母不斷地說：「不要……因爲……」。這種因果關係很明顯：如果你做……，一定會發生……。我們一直受到因果關係的思維訓練。從我們開始存在於世上和學習語言起，我們就被教導以線性的方式安排資訊。我們看見一個事件是如何接續另一個事件出現。因和果的信念隨著我們的成長和投入這個世界越來越擴展。於是我們自然而然地認爲**過去**創造了**現在**。

現在，身爲大人的你，你有能力有意識地選擇你要怎麼看這個世界。我要請你掙脫因果關係的鎖鏈。請如此思考：過去不會創造現在。**是現在創造了過去與未來**。

「現在」是你顯化你的力量的唯一時刻。如賽斯所言，「現在就是發揮力量的瞬間。」你不是被過去發生的、無法改變的不幸事件所擺佈和控制。過去與未來的每個時刻全都同時存在於「現在」。當你回顧過去時，受到信念指引的心智會從所有事件中篩選出符合你想確認的結果，而你此刻的感受會改變其中的微妙細節與人生故事的領悟。對同一個事件的不同解讀，都是一個不一樣的實相。

你的過去並沒有不能改變。你一直在根據現在的詮釋重新組織過去。我們常說記憶會改變和褪色，其實我們不知道的是，我們現在所想的每個記憶都是**我們對某個可能過去的詮釋**。同樣地，此刻的每一個想法都會改變你即將經歷的充滿各種可能的未來。

但現在怎麼可能不是過去的結果？大家都知道把手放在高溫火爐上一定會燙傷，不是嗎？事實上，我們把手放在火爐上的時刻是「現在」。下一個「現在」的體驗則取決於制約。如果我們把手放在高溫火爐上，接下來可能會出現兩種實相。一個是手燙傷，另一個是沒有燙傷。我們存在於此刻的信念、想法與感覺立即決定了哪一個實相是我們的未來。兩種可能性我們都可以選，但這個選擇絕非有意識的，它幾乎是立即發生。

當選擇時，我們只是轉換到一個最符合我們的信念與期待的實相。當我們改變對人生各方面可能性的整體思維時，情況就會改變。而下一次在不同的現實之間做選擇時，我們自然會選擇新的可能性：那個符合新信念與期望的可能性。

爐子的例子是**無意識**地在不同實相之間選擇；現在請把注意力放在人生中**有意識**的選擇時刻，這才是你可以練習打破因果關係窠臼的地方。

由於一個事件的原因與結果都存在於同一時刻，所以你創造的實相要選擇因或果做爲起點都可以。你可以從原因出發，因爲你知道它會帶來特定的結果。例如你可以努力工作，而你的努力會讓你升職，進而增加收入。你也可以從結果出發，然後把注意力放在能夠強化結果的原因上。例如人們常說只要改變人生中的某些事，他們就會變快樂，像是得到想要的工作或夢寐以求的對象。如果他們以結果已經實現的方式生活，全心感受到自己當下的快樂，他們轉換到渴望的實相的速度就會快上許多。

你並不需要任何允許，也不需要特定的過去事件，才能成爲此刻在你想像中最佳版本的自己。當你打破對因果關係的需求，你就能成爲渴望的振動，不需要經過任何過渡的步驟；只要你想像它，你就能成爲它。事件的發生與改變都是同時存在。經常提醒自己，當下這刻就是你發揮眞實力量的瞬間。當你明白這一點（是眞眞切切地明白），你就能充滿力量地擁有最完美的未來。你將會快速轉變實相，有意識地指引自己走在改變的道路上。

❖　❖　❖

如果命定的未來並不存在，那麼靈媒怎麼可能預測未來？答案就藏在現在。所有的時間，一如所有的空間，都存在於此時此刻。因此，靈媒感應到的是現在。他們解讀存在於現在的能量。在每一個疑問、每一個夢想與每一個問題背後，都是累積了一段時間的特定信念、意圖、希望與行動。是這股能量告訴靈媒有哪些可能的實相版本在等著你。

多數尋求靈媒協助的人相信未來只有一種命定的版本。事實上，有許多可能的未來存在著，決定因素就是長期累積的能量。人類是慣性的動物，因此，除非我們刻意選擇往新的方向採取行動，否則一定會走到原方向的終點。有時候，諮詢靈媒並聽到不滿意的答案，是我們下意識想要引導自己改變方向的方式。一個選擇就可以開創全新的無窮可能，而這些可能性在以前是遙不可及或難以實現的。

把諮詢靈媒看成是一個探討可能性的作法。當你把靈媒視爲可以感應到你的問題與振動的人，你就保有了自己的力量。當你以這種心態詢問靈媒，你就不用靜觀其變，等著看靈媒是否靈驗。因爲你知道你只是在聽取建議，而你還是必須要做出你想要的人生決定。

## 全新的觀點與耐心

你被告誡過幾次要有耐心？聽過幾次「耐心是美德」這句話？當我們沒得到自己想要的東西時，經常會聽到這樣的感觸。

我們相信，在失望與延遲的面前，堅持是可貴又可佩的。我們被告誡不要表露煩惱或憤怒的負面情緒。我們痛苦地靜待時間流逝，希望、渴求並祈禱情況會變得更好，而且是快速變好。當我們顯露或承認自己有多不耐煩時，反而會因爲批判自己沒有耐心而更加痛苦。把耐心當成信念製造了許多不必要的痛苦與折磨！

在此我要分享一個嶄新的觀點，一個令人感到解脫而非受到批判的觀點。我要請你放下耐心，積極地活在當下。當你活在當下，你就能相信每件事都是水到渠成。這不是因爲你變得認命，或是放棄未來會更美好的夢想；你只是接受每件事的現況，而不是去對抗。你知道每一種情況都是你的助力。你是充滿力量的創造者，你在地球上的每一個時刻都不是偶然。每一種情況都是受到你的吸引而來，甚至包括你不喜歡的情況，因爲它們能幫助你在理解中成長與擴展。請用這樣的思考來接受自己的現況。

露西爾與尚皮耶．賈尼爾—馬雷（Lucile and Jean-Pierre Garnier-Malet）在《透過時間的開口改變未來》（*Change Your Future Through Time Openings*）一書中說：「候鳥知道享受當下才是最好的生活方式，但同時牠也期待在另一塊大陸上有更美好的未來。」

你或許會問：「那我渴望的改變呢？」情況**會**改變。它們總是在改變。希臘哲學家赫拉克利特（Heraclitus）說：「唯一不會改變的就是改變。」我很喜歡這句話，因爲它道出**除了**改變之外，人生沒有什麼是永恆的。而情況會變得更糟或更好取決於你。你對事件的詮釋賦予了事件正面或負面的意義。由於所有的事件一定會改變，所以你唯一要做的就是評估新的情況，你可以給它們「好」的評價，也可以給它們「壞」的評價。如果你相信萬事萬物都是爲了幫助你而存在，要選擇哪一種評價就很容易了。

每件事都是它該有的樣子，改變無可避免，你只擁有此時此刻。你可以選擇充分利用當下。你的人生值得好好體會與享受，無論是否處於理想的情況。當你把注意力放在改變花了多少時間、還要花多少時間，你會變得愈來愈注意到時間的流逝。這樣的察覺會讓你覺得時間在無止盡的拖延，進而讓你感覺等待更長久。只有在你決定活在當下、好好享受時，你才能停止用相同方式感受時間的流逝。

以前，在你經常提醒自己情況必須改變，經常問爲什麼改變來得這麼慢的時候，你會覺得時間慢得磨人。正是因爲經驗到看似難以承受、永無止盡的時間，才會有不耐煩或沒有耐心的問題。想想每次你站在微波爐旁邊盯著秒數、等待食物熱好的經驗。最後幾秒總是特別漫長！每一秒都宛如永恆。

只要活在當下就沒有不耐煩的問題了。當你完全活在當下、清醒且覺察，你會發現你有絕對充分的理由對人生感到驚訝與讚嘆，包括那些混亂的部分。無論什麼時候，去做會帶給你最多快樂的事情就對了，你一定會感受到時間的加速。當然，改變也會發生得更快。

我第一次有意識地將注意力轉移到喜歡的事上並因此體驗到時間的加速，是在一回等計程車的時候。那次我當天來回北卡羅來納州的阿士維（Asheville），我非常疲累。爲了回到紐約市，我必須先飛到北卡羅來納州的沙洛特（Charlotte）等待漫長的轉機。

飛往紐約的班機客滿，我坐在中間的座位。坐在我兩旁的兩位男士聊天聊得很起勁，他們都痛恨過橋費跟蕃茄。你可以想像當午夜時分，飛機降落在拉瓜地亞機場時，我有多麼歸心似箭。

但是我走到計程車招呼站時，卻是大排長龍，好像那班飛機上的每一個人都在這裡排隊搭計程車似的。因爲時間很晚了，每隔五到十分鐘才有一輛計程車來載客。我站在那裡想著這件事不應該發生在我身上的各種理由。我已經很累了，隔天早上還得早起。充滿壓力的工作等著我，還有一個大案子要結案。

隊伍裡的每個人都不耐煩地不停改變姿勢。很多人毫不遮掩自己的不滿。我知道煩躁無法加快回家的速度，所以我選擇改變思考。我想起此刻身旁的每個人都是**我的**體驗的一部份，而我可以選擇自己的實相。我也知道爲了壓縮對時間的體驗，我必須找件事來佔據心思。我帶了一本很有趣的書，於是我把書拿出來看；我決定無視身旁不耐等候的人群。

當我抬起頭時，一頁還沒看完。令我驚訝的是，我前面只剩下一個人，她正要走向她的計程車，而且下一輛計程車即將進站。我好吃驚。

「剛剛排在前面的五十個人到哪兒去了？」我問自己。我剛翻開書的時候，感覺至少還要一小時才能排到前面。

我看書的速度很快，所以只看一頁花不了太多時間。這一切感覺很不眞實。我創造了一個經驗，在這個經驗裡我只花了幾分鐘的時間排隊，而不是我原本預估的一小時。或許在那短暫的時間裡來了很多輛計程車，載走了我前面的每一個人；我樂意接受這個解釋。我希望這個故事能幫助你體認這點，並且應用在生活上：你可以操縱你對時間的**體驗**。

當你活在當下並全心享受一件事，你就不會那麼覺察到時間的流逝。你也因此創造了**更少的**時間，因為時間並非絕對。你所期待的改變會發生得更快。當你玩得很開心、時間飛快流逝的時候，誰還需要保持耐心呢？

## 種子已經種下

我希望我已經把「過去、現在與未來都存在於此時此刻」的種子種在你心裡。就如耶穌所說：「神的國如同人把種撒在地上。黑夜睡覺，白日起來，這種就發芽漸長，那人卻不曉得如何這樣。」（馬可福音4：26–27）

你如何理解同時性以及它對人生的意義，將會按照適合你的步調發展。就像扔一顆石頭到池塘裡，這件事所產生的振動會在你的意識裡激起漣漪。這個訊息會以最適合你的速度和最好的方式影響並改變你的人生。

接下來我們要探索我想種在你心中的另一顆種子：改變對健康的信念並轉換到身心健康的實相。

# 第八章　你可以療癒自己的身體

我很喜歡好友艾妮塔．穆札尼瀕死經驗的故事。她在精彩著作《死後一次才學會愛》裡，詳述了這段經驗，我非常推薦大家看看這本書。艾妮塔的瀕死經驗以非常有說服力的方式告訴我們，人類有能力選擇人生方向以及呼應這些選擇的平行實相。

在罹患霍奇金氏淋巴瘤四年後，艾妮塔因爲器官衰竭而進入垂死狀態。醫生宣布她的生命只剩下三十六小時。她在意識邊緣徘徊，感覺到靈魂離開身體。在靈魂離開身體之後，她感受到自己被深深的無條件的愛包圍。她也感受到完全的清澈澄明：她明白自己爲什麼生病、家人所扮演的角色，還有她爲什麼會轉世到目前的人世。

在那一刻，艾妮塔了解人類創造生命的無窮潛力。她有機會選擇進入無形的國度、允許身體死去，或是返回人世告訴人類我們是多麼恢宏的存在，我們都具備在地球上創造天堂的力量。艾妮塔擔心回到原來的身體裡會繼續生病，但是她得到的答覆是：她的實相取決於她對生死的決定。如果她決定活下去，她的身體將快速痊癒。如果她選擇死去，她的身體將死於器官衰竭。以下就是艾妮塔的描述：

我得到的訊息是如果我選擇返回人世，器官功能的檢查結果（當時結果尚未出爐）會顯示功能正常；如果我選擇死去，結果將顯示我死於癌症導致的器官衰竭。我的選擇能夠改變檢查結果！

在那個地方，時間的意義似乎完全不同。我覺得各種可能性同時存在，就看你選擇哪種可能性。這感覺有點像搭電梯，建築物裡所有的樓層同時存在，但是你可以選擇要去哪一層樓。如果未來有各種可能性任我選擇，那麼我想過去的可能性也是一樣。因此，我所選擇的未來也會自動決定符合它的過去。（我選擇返回人世，這選擇影響了過去，也就是配合它的檢查結果）……當這個選擇來到我面前時，我事實上真的看到了檢查報告的畫面，上面的標題寫著「診斷結果：器官衰竭」，內容是「死因：霍奇金氏淋巴瘤導致的器官衰竭。」返回人世後我看見檢查報告，跟之前看到的幾乎一模一樣，標題同樣寫著「診斷結果：器官衰竭」，但內容是「未發現器官衰竭跡象。」我看著報告，全身起雞皮疙瘩，因為我知道它原本的內容……

我發現自從知道了真正的自己，並且瞭解了自己的恢宏之後，如果我選擇重返人世，我的身體將會快速療癒；不需要等幾個月或幾個星期，而是幾天之內！我知道如果我選擇回到身體裡，醫生不會找到一絲癌症的痕跡！……我知道身體只是內在狀態的反映結果。只要內在自我覺察到自己的偉大以及它和一切萬有的連結，我的身體就會迅速反映這件事而快速療癒。

艾妮塔到過死後的世界之後，她對人生與眞實自我的信念徹底轉變，身體的每個細胞也迅速反映她的全新領悟。入院時，她全身上下都有檸檬大小的腫瘤。從昏迷中甦醒後，腫瘤體積縮小了至少百分之七十。她住院五個星期後就出院回家，因爲她身上已毫無癌症跡象。一週後，艾妮塔與家人到她最喜歡的餐廳共享晚餐，慶祝生日與重獲新生。

## 約翰的瞬間療癒

艾妮塔．穆札尼在連結一切萬有的愛與明白她**就是**這份愛之後，身體迅速康復。身體的療癒可以發生得如此快速和立即！我們不需死後到了另一個世界才能獲得療癒。我的催眠回溯療程提供讓身體療癒的環境。約翰就是最佳的實例。

在與約翰的高我對話時，我問到約翰有沒有需要治癒的器官。答案是他目前相當健康，但他「有很多要做的選擇」。高我說，約翰今生願意付出一切去學習和教導他來這裡學習和教導的領悟，甚至生病。

這證實了我所相信的，疾病並非出自壞基因或厄運，也從來不是隨機發生。疾病只是成長的機會。靈魂爲身體選擇經驗痛苦，目的是爲了在這項挑戰中學習。當自我與靈魂失去連結，當我們忽視靈魂要我們實現計畫所傳來的蛛絲馬跡、提示和低語，高我可能就不得不安排一場疾病或意外來點醒我們。挑戰迫使我們尋找答案。它們令我們追根究柢、看清人生，然後希望我們能夠學習一直抗拒的課題。疾病是一種艱難的學習方式，但有時極端的手段是唯一的辦法。如果我們的心智忙著兜圈子，不願意敞開心胸接受引導與指示，高我就別無選擇，只能採取極端手段。

我繼續跟約翰的高我對話，它說約翰的身體只有眼睛方面的毛病。我問我們現在能否療癒約翰的眼睛，答案是可以。催眠回溯後，我發現約翰早就知道自己的左眼有問題。他的右眼很正常，但是左眼因爲隱形眼鏡戴太久有點受傷。我要求他的左眼被治癒，而他的高我的回答是已經治癒了。

我與約翰的高我針對他的健康只談了幾分鐘。療程結束後，約翰寄了一封電郵給我：

我想簡短告訴你目前狀況。上次催眠結束後，我去看了眼科醫生。我的兩隻眼睛狀況差不多，沒有受傷跡象。我昨天回去做個小檢查。哈！我一直拒絕放棄戴隱形眼鏡，你會相信我的眼睛事實上變得**更健康**了嗎?!他告訴我新的檢查數據時，我想到回溯療程裡的療癒。謝謝你！

你的身體知道如何療癒和恢復健康，你只需提供適當的環境就行了。我相信約翰本來就深信瞬間療癒是可能的，也對非傳統療法有信心。因爲他對回溯療程感受深刻，所以他相信眼睛的傷已然療癒。請注意，我們甚至沒有著手改善他的視力；高我只是除去了隱形眼鏡造成的損傷。但因爲約翰相信他的眼睛痊癒了，新信念的力量凌駕了原本的病痛，於是雙眼的整體健康都獲得改善。

## 練習 你是否相信瞬間療癒？

你是否相信你能獲得療癒？更重要的是，你是否相信你可以瞬間被療癒？這兩個問題的答案（尤其是第二個問題）是療癒本身的關鍵。

無論是哪種類型的療癒：我提供的催眠療程、其他治療師或是受西醫訓練的醫生，所有的療法都只是一種工具。療法提供適當的環境讓你恢復健康。然而療癒本身是來自病人的信念。因此，只要你改變對身體的信念，健康就唾手可得。

如果你尋求的是身體的療癒，我建議你改變自己對身體的療癒力，以及你對身體療癒速度的心態。請回顧第五章的練習「如何找出限制你的信念並且改變它們」。練習時，請專注在你對健康與療癒力的信念上。這個練習會幫助你轉換到完全健康的實相。

## 愛瑞兒的故事

愛瑞兒在出差返家途中約我碰面。我在芝加哥待了兩個多星期，一天進行一或兩次催眠。一如每位來找我的客戶，愛瑞兒一走進來我就知道這次的催眠將會帶來奇蹟；我們要做的只是允許奇蹟的過程展開。

當我在設定電腦為催眠療程錄音時，愛瑞兒在床上慢慢放鬆。閉上眼睛之前，她說：「我知道你一定會療癒我。」她似乎覺得這句話不太對，隨即糾正了自己：「你一定會幫助我療癒自己。」我笑著說：「非常好。」然後開始引導她回溯前世。

但是愛瑞兒沒有經歷另一世人生，而是描述了另一個次元。她是這麼說的：

愛瑞兒：它不是時間。它不是物質。每個人都穿著白袍。有好多好多外表像人類的存在體。我站在他們的前方。還有其他幾位……我好像在參加一場討論會，一場諮詢委員會。最前面有我們五個人。大家都看著我們，尋求我們的領導或指示。

原來愛瑞兒的靈魂在靈魂的次元是一位指導靈，屬於一個有五位成員的小組，他們為其他存在體提供建議。小組成員能夠聽見大家腦裡的想法，在討論之後提供最佳解決之道。愛瑞兒描述的過程如下：

愛瑞兒：我們一次要處理六十個存在體。透過想法、感覺、振動，小組同時討論許多存在體的各種選擇與解決方法。我可以同時感受到許多存在體的不同意念，看見想法背後的人生經歷。我們五個人討論，然後將答案傳給相關的存在體，它們便各自飄離。

後來她發現她看到的存在體都是指導靈，它們是來爲地球上的人類靈魂尋求建議。這個小組的專門領域是身體病痛的療癒。愛瑞兒說附近還有其他小組，每個小組都針對人生不同的領域提供建議。

愛瑞兒的靈魂熱愛這個小組。她之所以加入，是因爲她自己轉世爲人時，曾從身體病痛中痊癒。她喜歡在提供指導時不抱任何期待。身爲靈魂的她很被地球吸引，她非常關注地球，彷彿地球是她的一項計畫、一個實習任務。她把自己視爲學生。我請她回到學習的開始，她看見自己站在五位指導靈小組的面前。很快地，她看見五位指導靈合一，以男子的形象站在她面前。於是，我提出愛瑞兒跟我在催眠療程開始前討論過的問題。

我們談到她與父母的關係和事業，她得到了明確的解釋與指示。我們也談到她的感情。但最重要的是，我請求釋放過往關係留給她的痛苦，以及取悅他人的需求和任何負面的關係模式：

愛瑞兒：他說我在處理這件事了，因為我已經知道那會是怎麼回事，我知道這樣會很不好。他說：「現在就選擇釋放它。」我告訴他：「我選擇釋放它。」

米　拉：感受這個意念，因為這是真正釋放與放下的時刻。

愛瑞兒：他說：「非常好。」現在他說：「擁抱這個情緒。」我問：「要怎麼做？」他說：「不要掉頭離開，轉過身給它一個大大的擁抱。想像這個畫面。」於是我穿過一層又一層擁有、嫉妒和不安的情緒。它們來自我看過的行為模式。這全都源於恐懼。我擁抱恐懼，我說：「我不怕。我愛你，因為你教導我。現在你可以走了。」

療程之初，愛瑞兒告訴我她感染了性病，她想被治癒。她沒有說是什麼病，我也沒問。病名不重要，因爲靈魂知道需要療癒什麼。我們處理了幾個其他問題之後，我開始請求療癒她的身體，讓身體回復到完全健康的狀態：

愛瑞兒：他說血液需要潔淨。我看到所有的血管。他們說我需要淨化飲食，而且不要再跟我以前上過床的人發生性行為。

米　拉：我覺得這是在清除性病，是嗎？

愛瑞兒：是的……他們已經清除了毒素。他只說：「還有其他疑問嗎？」

米　拉：問他剛剛進行的療癒：性病療癒了嗎？

愛瑞兒：他說：「需要一點時間，但它會消失。」

我們的交流偶有停頓，這是因為愛瑞兒在觀察與感受指導靈的處理過程。我的錄音顯示停頓超過了四分鐘。

療程結束兩天後，愛瑞兒寄來電郵：

我要告訴你一些療程時我沒透露的事。當時接受處理的身體部位感受到能量和刺刺的感覺，他們告訴我他們在做什麼。有一度，也只有那時候，我看到有人在治療我。這個人以外星人的模樣出現。

隔天早上淋浴時，我得到指示要我泡澡。我平常幾乎不泡澡。我聽從這個指示，把洗髮精倒進水裡弄了一大堆泡泡。我一躺進浴缸，立刻就回到前一天催眠時去的地方。我問他為什麼以男性的模樣出現，他說這樣對我來說最好。我問他為什麼每次看起來都一樣，他就變成一個年老的亞洲男性，然後說：「這樣如何？有比較好嗎？」「有。」我輕聲笑著說。總之，他說我需要進一步淨化。他告訴我何時結束泡澡，何時沖洗身體。當我站起來，全身都是泡泡。他說：「刺刺的感覺不是跟能量一樣嗎？」當然是這樣沒錯。那天我感受到進一步的療癒，他告訴我還要再一些時間。

愛瑞兒的療癒在催眠療程後持續進行，這點毫不令我意外。這種事經常發生在我的客戶身上。催眠後所啓動的轉變是各個層面的。催眠時，轉變從情緒與能量層面開始。接下來幾天，身體的神經與細胞結構會反映這些改變。愛瑞兒的指導靈給她的療癒是即時的，但基於物質／肉體的本質，有時候需要多一點時間，身體才會體驗到完全的效果。

大約兩個月後，我再次收到愛瑞兒的電郵。這次她傳來好消息：「兩週前我去看醫生，接受了性病的檢查；今天檢查結果出爐，所有項目都是陰性，完全根治了。非常感謝你給我和其他人的禮物！」

聽到這個消息我非常開心。我很喜歡客戶在催眠後保持聯絡，告訴我人生改變之後的最新情況。我回信給愛瑞兒，問她是否願意讓我把她的故事放進這本書裡。她的回應非常大方，並且提供了性病之所以被治療的重要資訊。她寫道：

可以的，如果能在你的書裡分享我的故事就太棒了。我希望這也能夠幫上其他人。但是，我認為我的故事可能是罕見特例，因為我有很強的信念。我深信每個人都能療癒他們的病痛，或甚至更棒的是，從一開始就能預防疾病。身體與心智緊密相連，而我們的心靈／靈魂有能力療癒身體和心智。

我必須遵照更多的指示，我也接受指引去閱讀並瞭解哪些因素會影響身體和療癒，例如營養、運動、冥想、寬恕與愛。

我的性病是皰疹。藥物可以治療和控制皰疹，但是無法根除。這是前夫傳染給我的。我相信露易絲·賀（Louise Hay）說過的話，她說疾病會出現在跟無法寬恕有關的部位上。對我來說，那就是我對前男友與前夫的怨恨，而呈現出來的結果是我的身體沒有能力抵抗皰疹。現在我心中已原諒並感謝他們每一個人，因為他們造就了現在的我。我知道他們都有自己的旅程，只是剛好跟我的旅程交會。

我很高興愛瑞兒說她的療癒源自信念。她相信靈魂**可以**療癒身體。她相信催眠回溯**可以**幫助她療癒。療程時，她說她期待並意圖在我們的共同努力下獲得療癒。愛瑞兒謙虛地說自己可能是罕見特例，因爲她深信自己能被治癒。事實上，每一個獲得療癒的人都是如此，因爲他們相信身體可以超脫現狀。

有些靈魂選擇轉世在有缺陷的身體裡，或是心智不同於常人，靈魂之所以如此選擇，是爲了創造出不受病痛阻礙的能力與機會。這些人也許無法治癒身體的情況，但是他們有機會療癒情緒；他們可以改變相信自己不足或不正常的想法。一旦我們明白爲什麼要選擇這樣的病症，以及靈魂想從這個經驗獲得什麼，我們就有機會實現豐富與充滿成就感的人生。

最近我爲一位年輕男性進行前世回溯，他從小就罹患肌肉萎縮症。他全身癱瘓，時時需要家人照顧。在他回溯的前世裡，他因爲政治因素被處決，他看見現在的每一個家人當時都跟他被處死有關。今生他的家人被給予機會來平衡前世經驗並照顧他。他的靈魂選擇了這個削弱身心力量的疾病，以便學習失去行動力的課題。他正在學著如何透過創意、敏銳的心智與溝通能力去打造充實的人生。

所有的疾病都源自情緒層面。我們的身體並不是被神祕病毒或基因特性所控制。身體只是人生旅途上提供協助的夥伴。以愛瑞兒爲例，她讓性病進入她的身體反映出她對過往戀人未了結的情緒。愛瑞兒知道有種遠超越醫學預測的療癒能夠幫助她。回溯療程結束後，她努力改變飲食習慣、開始運動，並且轉變自己對寬恕、感恩與愛的想法。

我希望你把疾病當成一位使者，它為你指出尚未處理的情緒問題。身體呈現情緒問題的巧妙與直接經常令我大呼驚訝。我會在療程時詢問有哪些未解決的問題導致身體的不適。只要情緒問題獲得解決，細胞一定會反映出全新的存在狀態。

下次當你感到疼痛或發生意外時，問問身體想傳達什麼訊息。冥想的時候，請高我告訴你需要放下什麼、需要學習什麼。我發現露易絲．賀的書《創造生命的奇蹟》（*You Can Heal Your Life*）是又好又快速的指引，總是能為我指出正確方向。

當你能夠覺察到全貌以及病痛如何幫助你的時候，感謝你的身體。告訴你的身體，你已收到訊息，它可以開始康復了。然後，讓心智與心靈聯手紓緩情緒上的失衡，身體的療癒一定很快就會接著出現。

**練習　回溯療癒**

如果你想免除某個健康問題，我鼓勵你透過前世回溯去探索它。你可以利用附錄A的回溯指引，或是用我的CD《前世回溯與超越輪迴》裡的引導回溯。你可以找我進行個人的催眠回溯，參加我帶領的回溯前世工作坊，或是就近找一位回溯治療師。無論選擇哪一種方式，請相信你都已經與這個療癒工具所提供的力量調諧一致。

請保留至少四十分鐘不受干擾的時間。如果你家有養寵物，請確定牠們不會跑進房間。回溯開始前，告訴自己，你保持開放心態去探索有助你療癒的那一世。請你的高我引領你進入能夠幫助你了解健康問題的人生。然後播放錄音，信任整個過程。離開回溯狀態後，用適合自己的方式處理這個經驗。寫筆記、泡澡、散步、喝一杯水，或只是靜靜坐著反思人生。然後，把所得到的洞察運用在日常生活裡，並且信任你的身體的療癒力。

我們能從各種可能的實相中選擇我們想要的實相，而我們已討論過要如何利用這點來療癒身體的病痛。接下來我要改變意識探索的方向，分享幾個前世回溯的故事。這些故事能讓我們知道源頭有多愛我們，進而幫助療癒與我們的價值感相關的情緒。

# 第九章　你有愛自己的權利

愛的觀念，包括愛自己和他人，是我為韋恩．戴爾博士回溯前世時的主題。在此我僅寫出這個故事的精髓，完整的過程請見韋恩的著作《夢想的顯化藝術》。

韋恩看見自己是一個住在沙漠的年輕男子，父親遭到殺害。最後他離開阿拉伯部落跑去船上工作，繼而來到一處新地方。他在那裡愛上一位女子，兩人很快就結婚了。他後來找了一份船上的工作，很期待到處旅行、發現新疆域。韋恩在催眠時說：「聽說海上有許多小島，而且島上有人居住。我充滿期待。我就這樣出發，留下她一個人。她懷孕了，但我還是決定出海。探索尚未被發現的新事物太刺激了，就像一場偉大的冒險。」

船員們航行了很久才發現一座島。島上居民態度和善，但是船長和船員對他們既殘酷又惡毒，只因為島民長得跟他們不一樣。韋恩試圖阻止這種暴行，但是他無能為力。他船啟程返航，他回到家發現妻子已死，雖然她生下了兒子，但沒人知道兒子的下落。他充滿悲傷與罪惡感。他的悲傷並未隨著時間消逝。那些暴行、殺戮、愛的缺乏，還有人們為了生存所做的掠奪與傷害，都令他苦惱不安。他知道一定有不一樣的生活與存在方式，因為他曾在一個洞穴裡收到過訊息。

韋恩描述他看見自己在一個洞穴裡，明亮的光從上面照耀下來。他沐浴在光裡，永恆眞理的覺察照亮了他；這些眞理都跟愛有關。其中一個眞理是「分享它，它就會倍增。藏起它，你就會失去它。」

韋恩覺得他必須跟世人分享這些想法，但是他知道世人不會願意聆聽。他說：「這個眞理如此清晰，如此明確。我們必須愛彼此。愛自己，也愛彼此。」接著，他看見失散已久的兒子來找他，他試著與兒子分享這些眞理：

韋恩：我要他記住這些事，它們是偉大的真理。分享，就會倍增；藏起，就會失去。當你少傷害他人一點，你就能得到更多。謙卑、和善與溫柔能讓你得到更多更多。注意聽我說，這很重要。你如此接近神。那道照耀下來的光就是神。那道光就是神。它如此明亮。我可以看見它。它現在又出現了。它從這裡開始，然後像這樣照過來。你可以悠游其中。你可以沐浴在這道光裡。一切是這麼容易。只要告訴他們這很容易，一點也不難。這非常自然，非常正常。它是你的源頭。它就是你。去發現真正的自己，然後做真正的自己。不要找到的不是真正的你，卻又試著去做那樣的人。這是另一個真理。是那些簡單真理的其中一個。做真正的自己。

而你不可能成為不是自己的存在。那是幻相，是錯覺。就算你試著去做，那也不是你。你不是仇恨，你不是殺戮。那不是真正的你。成為真正的自己。其他的一切都不是你……只要做真正的自己。

我的兒子看起來困惑，不知所措。他覺得我是個瘋老頭。我是個瘋老頭，我身旁的每個人都這麼想……只有一個人明白，天啊，是那位美麗的女子。我們才認識這麼短的時間，我就離開了她。她明白這個道理。她等待我。……她並非死於心碎，她是被殺死的。

我兒子剛剛告訴我。她在我離開期間被殺死。當你失去了愛，你也失去了你所愛的一切。就這麼簡單。她先遭到強暴，再被殺害。

我兒子想知道我對那些強暴犯有什麼感覺。

「爸爸，你對那些殺死你心愛女人的兇手有什麼感覺？」

光就在那裡。你可以走進光裡，也可以繞過它。走進光裡只有愛，而如果我試著繞過光，就是一片漆黑。這讓我想殺死那些混蛋。

當我走進光裡，我愛那些強暴犯。當你失去愛，一切就此結束。當你失去愛，你就失去了自己，**因為你就是愛**。而你用剩餘的生命在黑暗裡遊盪，只為了逃避光；光呼喚你、吸引你。靈魂如此渴望進入光。

光太亮了。它的光芒令你睜不開眼。

你可以真正去愛殺了你心愛女人的兇手。我猜……我猜我可以，因為那是真正的我。當你去愛，就沒有空間容納其他。如果你付出愛，就不會有非愛的存在。你只有愛可以付出。當你離開光，當你離開照射進洞穴裡的這道光……你看見它這樣照進來…當你離開光，周圍都是黑暗。

你要我走進黑暗裡。但我做不到。因為我就跟那道光一樣，那是真正的我。這似乎是我來到這裡的目的。

兒子告訴我，她愛我至深。她等了又等，不停地等待。但是我令她失望，因為我必須追尋我的探險。我必須找到新的土地，而其實，我哪裡也不用去。

兒子說他做不到寬恕。我告訴他：「你只是還沒準備好，真正的你也跟我一樣。」

我於是站起來走進那道光裡。現在我可以看見它。我離開了他……他很困惑。我走進那道光裡，我讓自己在光裡飄浮。我俯視他，「兒子，只要往前幾步走進光裡。只有幾吋的距離。只要挪幾步就能走進光裡。光在這裡，你也在這裡。只要走過來就好。這是你必須移動的距離。」

你知道他說什麼嗎？「去你的。你這個瘋老頭。我要去找那些人報仇。」

韋恩以切身之痛得到的領悟是，我們永遠可以選擇把自己調整到光的頻率並且進入愛的振動本質。

## 瑟琳娜的故事

韋恩深刻而強烈的回溯療程結束後，他告訴我：「我知道有一個人肯定很想見你。」他說的是他的女兒瑟琳娜。我後來跟瑟琳娜碰了面，她的回溯療程讓我們知道一切萬有是如何愛我們、渴望我們。它告訴我們在人類存在之前，有一種失衡，那是一切萬有必須用特定能量去填補的空無。我們每一個被創造出來的靈魂都被賦予一個特定能量。從每一個靈魂被需要開始，甚至在靈魂誕生之前，我們就已經是被渴望、被珍視與愛惜的。

回溯療程開始後，瑟琳娜描述了一個有沙漠與金字塔的地方。那是次元與次元之間的門戶。來到地球上的每一個人——新靈魂、已經存在的舊靈魂與指導靈——都必須先穿過這個層面。在地球發展的每一件事，在這個次元裡都已預先知道，並在金字塔的內牆上描繪出畫面。我請瑟琳娜詳細描述那個地方。

瑟琳娜：那裡是一大片非常平靜的沙漠。沒有空氣，也沒有風。看起來像地球，但它不是。它在地球上方。它也不是真的在地球上方，因為地球不在它的下面。它就是另一個空間……我是一個牧羊人。不是動物的牧羊人，是人類的牧羊人。我引導他們。所以我很重要。我是負責引導他們的人。

米　拉：你只引導新靈魂嗎？還是每一個進來的靈魂？

瑟琳娜：我引導每一個靈魂。

米　拉：請描述一下引導的過程與感受。

瑟琳娜：那是一種充滿愛的感覺。新靈魂不會受到任何評斷，因為它們非常完美。非常和平。它們沒有壞的細胞。引導的感覺像是一種榮耀。就算看見即將製造痛苦的靈魂，我也覺得沒關係。它們每一個我都愛。

米　拉：你如何看到這個資訊？是從某處接收的嗎？還是在牆上或其他地方看到

的？

瑟琳娜：是一種感覺。我可以看到他們的靈魂。我知道他們已踏上內在的道路……有些靈魂會製造傷害與痛苦。這沒有關係，因為就算他們即將做那樣的事，靈魂依然是完美的。他們的靈魂很勇敢，選擇了這樣的路。這並不容易。

米　拉：製造傷害與痛苦並不容易？

瑟琳娜：他們是非常重要的人。

米　拉：請跟我說說。

瑟琳娜：來地球上的每個人都要先經過這裡……每個人都是色彩的組合，這些色彩構成了靈魂。每個人的色彩組合都不太一樣。有些人的色彩比較暗。這並不代表他們是壞人，這只是表示必須要有光與黑暗。必須有平衡。暗色的人顏色近乎深藍，不是全黑的。我真的愛他們。他們簽了約，要承擔很多。神創造了他們來當老師，但是他們並不知道自己是老師。老師的能量比較黃。他們不是像耶穌那樣的老師，耶穌是來教導這個星球的老師。他們透過他們的行為教導。你從他們身上學到不要成為那樣的能量。每個人都要愛他們，這很重要。我之所以做這份工作，是因為神知道我真心愛他們。我不能因為他們顏色較暗就批判他們。

米　拉：靈魂如何進入肉身？

瑟琳娜：不是在這裡發生的。是發生在進入地球前的層面。還有另一個層面。

米　拉：從你的層面要如何轉移到地球層面？

瑟琳娜：這個過程很緩慢。我的層面像是一個你可以很自在的地方。靈魂可以在這裡補充旅程所需的顏色與能量。在下一個層面，你的任務會愈來愈明確。在我的層面，你只有能量。但在下一個層面，你的特定目標會越來越清楚。你有很多層面要去。但人世間的你依然可以改變顏色。你的色彩會改變，這是因為你能夠選擇改變它們。

瑟琳娜看見的層面是靈魂轉世前的必經之處。靈魂在那個層面取得他們的顏色，不同的顏色組合賦予每個靈魂它的獨特性。其中一道門戶專門爲新生的靈魂而設，我問她是否能走進那扇門看看新靈魂的創造過程。她的描述讓我想起亞伯特描述過的神的能量：一種微妙而強大的乳白色光芒。

瑟琳娜：當你走進那道白色的門之後，你是往上走，不同於走進我的層面是要往下。你現在是在一切的起點。

米　拉：你周圍有些什麼？

瑟琳娜：白色。全部都是白色，但感覺並不空洞。它是一切的起源，一切都在這裡。你想要的一切都在這裡，卻又不在這裡。

新的靈魂被創造出來……但現在已不常見，因為地球已經比較完整了……當新的靈魂被創造出來，是因為有這樣的需要。需要一種以前從未創造過的新型能量。這是創造新靈魂的唯一原因。這些新的靈魂像小小的蛋，非常脆弱。一切對它們來說都是新的。這是一個嶄新的經驗。因此當它們穿過層層的層面、抵達地球的時候，對一切感到很陌生。一切都不在記憶裡。對這些新靈魂來說，它們必須小心地進來地球。它們可能會覺得一切都很衝擊。

米　拉：怎麼知道是否需要新的靈魂？

瑟琳娜：能量系統裡會有指導靈無法平衡的一個裂縫，它們知道。就好像神知道這件事。就好像集體能量知道這件事。就像你的身體。你的身體是你的世界。

一切為了保持平衡而運作。有時候你會非常渴望某樣東西，例如鹽。你不知道為什麼，但是你的身體知道。它有需要鹽的理由。新的靈魂是回應新的需要。我不太清楚是什麼需要，因為我不是靈魂的創造者。

米　拉：創造新靈魂的地方……地球與所有次元的靈魂都只在這裡創造嗎？或是每個次元各自有創造靈魂的地方？

瑟琳娜：每個次元各自有創造靈魂的地方。有很多很多次元。有時候次元會融合在一起，創造的地方也變多了。有許多我們甚至還不知道的生命體。神知道，但身為人類的我們不知道。

米　拉：這些新靈魂的構成是什麼？它們是怎麼製造出來的？你能否觀察並描述過程？

瑟琳娜：它們還沒有肉體形式，沒有具體形狀。我不知道它們什麼時候會……那是之後的事。這是一個純白的地方。只有能量在飄浮。就像細胞開始聚合，因為深處有種吸引這股能量的磁力。地球已經知道自己需要什麼。她送出創造靈魂的意念。靈魂被創造出來。所有合適、正確的能量必須聚集。然後這個空無的白穿過這道白色的門，來到我通常在的地方，也就是靈魂取得顏色的地方。這些顏色為靈魂增加更多成分。然後它會去領受它被創造出來的目的。這一切早已被需要它的東西建立好了。它只要往前走就可以，然後就誕生了。

她透露的內容令我大感驚訝。瑟琳娜的催眠結束後，我感覺自己像是被溫柔的喚醒。我的內在彷彿點燃了神性的火花，提醒我自己眞正的本質。一開始是心裡寧靜角落的低語：「一切萬有感受到空無，只有**我的**獨特存在才能塡補。我不是巧合的結果。我是被渴望的。神創造了我，因爲祂認爲我是宇宙裡重要的一部分。」

當感受到源頭深深愛著我時，我不禁熱淚盈眶。強烈的光與愛的能量讓我無法否認。愛與光的能量盤據了我。這份領悟的火花一天天更加熾烈。隨著時間，它漸漸轉變了我看待自己的方式，以及我對自己的價值的看法。

## 靈魂的目的

我在上一章分享過愛瑞兒的療癒經驗，她也曾強烈感受到她的存在是由靈所創造，因爲靈渴望透過她去創造與體驗。

當愛瑞兒站在小組的五位指導靈面前時，她發現它們的在場對她具有重大意義。她這麼形容：

愛瑞兒：它們不只是老師。它們幾乎像是父母。它們比我更開悟。我信任它們。我愛它們，它們也愛我。但是我不知道它們來自何處。它們就是在那裡。我在試著了解它們是為什麼被指派給我。

米　拉：直接問它們。它們會告訴你。

愛瑞兒：它們創造了我。我就像是它們的孩子。它們顯化了我。我說：「為什麼？」它們說：「因為我們想這麼做。」

米　拉：創造靈魂的原因是什麼？

愛瑞兒：它們說有無窮盡的空間需要填補，永遠不會被填滿。喔……喔！我以為靈魂都是同時被創造出來的。不是。它們說靈魂仍被創造中。它們說我被時間觀念卡住了。

米　拉：請它們說明。

愛瑞兒：時間當然是幻相，但是……時間是由參與物質實相的靈體所創造出來的，目的是限制。物質實相必須學習掙脫限制。我是某樣東西的一部分。完整的我不是這個樣子。我是它們（某個更大東西）的一部份。

米　拉：請它們解釋你是它們的一部分的原因。

愛瑞兒：它們顯化我是要學習悲憫。

你的靈魂是為了實現某個目的而被創造出來的。瑟琳娜跟愛瑞兒都分享了這個觀念，這個觀念具有的力量足以推翻最古老的負面制約。大多數人從不知道我們是因為神的要求而存在。因為神要求我們的存在，所以**我們有存在的價值**。多數人從小到大都相信我們必須證明自己的價值，必須採取特定作法才值得神的恩典。我們的存在本身就足以證明我們對宇宙非常有價值。如果我們不是被渴望，不是被無條件地被愛，我們就不會存在，甚至不會被創造出來。

下面這個故事是個很好的例子，只要明白我們早已擁有源頭的愛，受限的想法就會立刻消失。

❖ ❖ ❖

我坐在沙灘上等待日落，沉浸在周遭的自然美景裡。此時我注意到附近有個拿著相機的年輕男子，他正在拍攝天上美麗的彩虹。我感覺得出來，眼前的自然美景讓我們同感敬畏；我決定去找他說說話。很快地，我們便開始討論起深刻和有意義的話題。

山姆跟我以前一樣，他也走到了人生的十字路口。他覺得過去已經結束，可是他還沒決定他的人生新道路。幾天前他為自己寫下三個目標。雖然我們只是初識，但是他想跟我分享這三個目標。

第一個目標是擁有一個家。聽到這個目標時，我理解地點點頭；這是正當的渴望。

第二個目標是「做偉大/重要的事。成就偉大的事，並且能夠認出自己的偉大本質。」我再次點頭。真是令人欽佩的目標！我們每個人都知道自己的內在蘊藏著偉大的本質；我們在內心深處感受到這個本質。它會在寧靜的時刻對我們叨叨絮絮，提醒我們很久以前對自己的承諾。

這樣的感覺是本質想要表達自己。它是反映我們的源頭力量；它是永遠不會熄滅的火焰，期待成長與完全的表達。它是我們偉大的那部份。它驅使每個人找到人生目的，直到我們用有意義與充實的方式表達自己的獨特天份；這種方式能擴展我們內在的神性並明白自己的偉大。

目前爲止，我完全支持山姆的兩個目標。接下來是第三個。山姆的第三個目標是「贏得每個人的尊敬」。這次我猶豫了。

我們不需要爲了證明自己的價值去「贏得」任何東西。我們**本來**就值得擁有一切。我知道在缺少故事的情況下，這些話並沒有意義。於是我決定把我在瑟琳娜的回溯療程所獲得的領悟告訴山姆。

我盡可能仔細地說明那次催眠療程的意義。說完這個故事後，山姆看著我的眼睛說：「哇！」他的雙眼雖望著我，但我看得出他的心思已到別處。我知道他深深被打動。我彷彿看見層層信念正被大力地轉變，宛如地球板塊，一個全新的地形圖正在他的心智成形。

我們沐浴在橘紅色落日餘暉的壯麗美景中。在這寧靜的片刻，我們再次與眞正的自己和自己價值的眞相連結。

幾個月後我跟山姆聯絡，我告訴他我正在寫一本書，我問他能否把我們的談話放進書裡。他親切地答應了。他用簡訊傳來原本的三個目標，下面還加了幾句話。

「第二個目標跟第三個目標很像，」他寫道，「但我記得是你讓我相信地球上的每一個人原本就是值得尊敬的，光是現在在地球這點，就值得尊敬了。」

一股喜悅流過全身。他聽進去了！他不只是聽進去，而且他**相信**我。

完整表達自己的偉大是神賦予我們的權利。在心靈擴展的道路上，我們每個人都已完全擁有一切萬有的愛、支持與欽佩。是我們的信念讓我們以爲必須爲自己「贏得」這一切，而這樣的想法令我們無法完整了解和表達我們早已具有的偉大本質。

## 誰驅逐了誰？

我們的內在永遠都有神性的力量。它是在我們創造之時就被種在我們核心的種子。然而我們一誕生在地球上，就忘了我們的神性本質；就跟山姆一樣。我們只相信我們的五種感官，我們感到孤獨，感到和源頭遠離。

我們覺得自己必須努力證明自己，才值得擁有神的恩典。我們想要重新找回靈魂記憶中的至喜，克服分離的感覺。長久以來，亞當夏娃被逐出伊甸園一直是分離——相信源頭是在我們之外的信念——的代表故事。

卡巴拉（Kabbalah）是猶太教研究神性的神秘哲學。卡巴拉的基本典籍叫做Sefer ha-Zohar，通稱爲Zohar，意指《光明之書》或《輝煌之書》。《光明之書》記述了猶太教祭司穿越加利利（Galilee）丘陵的冒險之旅，透過人物對話穿插講述《妥拉》（*Torah*）涵義的教誨。

《光明之書》對伊甸園的故事有截然不同的解讀：不是神驅逐了亞當，而是亞當驅逐了神；因爲他讓自己離開了神的女性形式舍金娜（Shekinah）。

卡巴拉的教義教導神亦男亦女，神的完整取決於人類能否在地球上呈現並榮耀神的男性和女性面向的事實。根據卡巴拉的記述，亞當的原罪是他只追求在肉體上與舍金娜建立關聯。也因爲如此，他把舍金娜與另外九個靈的源質（sephirot）分開，切斷了與宇宙的統合。所以，是亞當把神逐出了伊甸園。

卡巴拉學者丹尼爾・麥特（Daniel Matt）在《舊金山紀事報》（*San Francisco Chronicle*）的一篇訪談中說道：「我認爲《光明之書》的意思是我們依然在伊甸園裡，只是我們並不知道，因爲我們已與靈魂失去了聯繫。因此我們的挑戰是重建與神的關係，找回對靈性層面和靈魂次元的熟悉感。」

《光明之書》說此時此刻我們依然住在伊甸園裡。遺憾的是我們並未認出這點，因爲我們讓自己與神分離。爲了感受自己住在充滿神愛的天堂裡，我們必須重新連結，也就是重建我們與永恆，與無限的關係。

要感受源頭的存在，我們並不需往外尋找。源頭需要我們，所以創造了我們。透過專注於內在，感受自己是神的恢宏造物，具有神的男性與女性面向，我們就重新肯定了我們的起源。透過感謝和欣賞神在我們之內所創造的美好，我們就是在感謝源頭。因爲事實上，我們**就是**我們的源頭。我們是神。只要認識自己的神性光輝，我們就認識了神。

## 戴米安的故事

戴米安躺在我辦公室的躺椅上，他已深陷於出神狀態。他剛剛經歷的前世引發許多情緒。我請他慢慢飄離那些場景，允許下一個人世的畫面浮現。他接下來的描述令我非常驚訝：

戴米安：有一朵花，橘色的。它開在一根非常綠、非常細的莖上。你幾乎不知道這麼細的莖要如何撐起這朵花。它就是我。它在呼吸。幾乎有擴張與收縮的節奏。

米　拉：你說這朵花是你？

戴米安：對。

米　拉：當這朵花的感覺是什麼？

戴米安：很奇妙。我會張開，也會合起來。我完全掌控自己的開合。哈！而且我可以擴展。我很有趣。我非常精細。我在一個花園裡。

米　拉：說說你的周圍有什麼。

戴米安：沒有人像我一樣。完全沒有。只有幾朵小花，但我是最自由、表達最豐富的……我感受到身為這朵花的自信。我有很寬闊、令人讚嘆的花瓣。但是我的莖如此地細！這根莖居然能夠支撐我。我永遠無法離開那裡，也無法移動，可是沒有關係。

米　拉：你有沒有想過能夠移動並且離開是什麼感覺？

戴米安：我一點也不在乎。我為什麼想要離開？這裡有我需要的一切。我喜歡這種本質、這種能量與充滿力量的美，也喜歡其他花朵都能看到我的美。

米　拉：你怎麼會變成這朵花？這朵美麗和這麼有力量的花？

戴米安：我不記得了。我不記得來到這裡的過程。我好像一直都在這裡。所以我甚至不知道自己有沒有經歷過成長。

米　拉：你好像一直都在那裡？

戴米安：對。你知道，就是這種感覺。永恆的感覺。

米　拉：太陽給你什麼感覺？

戴米安：我崇拜太陽。我覺得是太陽讓我如此美麗。因為當我看見太陽的時候，我伸展自己。就好像是太陽呼喚我開展自己。然後我就離開了。

米　拉：離開是什麼意思？

戴米安：我朝著太陽向上延伸，我離開了那朵花。我的本質離開了那朵花。不知道為什麼，我很想回去。但我認為計畫不是那樣安排的。太神奇了！現在我知道……哇！現在我漸漸領悟到我不是那朵花，但我也是那朵花。

米　拉：可以多說明你的領悟嗎？

戴米安：我在往上旋轉。感覺就像我已經到達了超越那朵花的至喜，而且這是必須的。現在我朝太陽迴旋上升。我看見自己正在離開那朵花。就是在這個時候我知道了我不是那朵花。我的意思是，我是那朵花，但我也不是那朵花。

隨著戴米安漸漸飄離，他知道他也是這朵花的靈。靈魂與它在實體的表達之間毫無分離。創造這朵花的靈魂對自己的造物感到驚奇，而身為具體表徵的花在源頭的能量裡看見自己的美。這朵花讓我們知道，發現自己有多美好與值得稱讚是件自然的事。這朵花活出了魯米的教誨：「閃耀你的光芒，就像你擁有整個宇宙！」

在充滿愛與完整表達自身美好的那一刻，這朵花實現了自己的存在意義。這朵花並不懷疑自己是否有資格如此美好，也不懷疑自己可否如此欣賞自己的完美。這朵花只是單純地欣賞自己，並且完整地表達自己。

允許你自己像這朵花。對自己大聲說：「我值得存在。我是美好的。我愛我自己。」這幾句話給你什麼感覺？如果你覺得不相信或不自在，我要鼓勵你拋開這些不安的感覺。看到自己的神性本質並且珍惜它，因為它是住在你內的神的光。練習聖經的教導：「弟兄們，我還有未盡的話：凡是眞實的、可敬的、公義的、清潔的、可愛的、有美名的，若有什麼德行，若有什麼稱讚，這些事你們都要思念。」（腓立比書4:8）

想想你具有的偉大品質與特性。用行為舉止來反映你的恢宏。用愛的言語展現你的美好。愛上自己。像園丁照顧稀有的玫瑰般溫柔地滋養自己。提醒自己源頭珍惜的你，就是你今日發現的自己。你是獨特的能量組合，這並非偶然，而是回應神的需求的結果。你在這個世界是有目的的。你是神不斷擴展的能量。你對一切萬有來說是重要且珍貴的一部分。

你值得存在。你值得源頭對你的無條件的愛。一切萬有體驗到深切的需求，而這個需求只有你的靈魂才能滿足。將這些牢記於心，用打破窠臼的愛的力量填滿自己，這個愛就是創造你的愛。

每個人都是在所有存在和神的請求下才被創造出來的，明白這一點意義重大。這個眞相的種子蘊含了巨大的力量。它有潛力把每一個人從否定與遺忘本質的休眠狀態中喚醒。如果要我寫一本可讓後世遵循的法典，開頭一定是這樣的：

親愛的，請為自己的存在感到欣喜。一切萬有創造了你，因為祂渴望透過你獨特的能量組合以及你提供的獨特觀點認識祂自己。你值得存在。你被無條件地愛著、你受到無比的珍視。在你燦爛開展的每一步裡，你都是被支持的。你要愛你自己，就像神愛你一樣。現在請好好地生活，珍惜自己，就像源頭珍惜你一樣；完整地表達你的神性之美，永遠都要知道你的真實本質是愛。

## 練習　每天愛自己

我鼓勵你每天進行連結源頭與自己神性本質的練習。保留二十分鐘不受打擾的時間，選擇在一天的開始或結束時進行。這是你敞開心胸去愛自己、信任自己的時間。覺察自己的呼吸。放慢呼吸的速度，在心中重複「愛」這個字。感受內在愛的能量隨著你的複誦愈來愈強烈。信任你的直覺，在感覺適當的時候心中默念這句話：我就是愛。

接下來在感覺適當時，把這句話改成：我愛我自己。感受愛的能量流過你的全身。讓愛的能量擁抱你。讓它向你保證你擁有許多的愛與支持。

這個冥想練習沒有任何目標，只是為了撫慰自己，感受神對你的愛的溫暖能量，以及你對你自己的愛。冥想結束之後，允許平靜與豐富的愛流入你的日常生活。

如果你想跟著錄音的引導進行冥想，我有一段每日冥想的錄音，主要內容跟愛自己與信任有關，你可以到我的網站免費下載：www.mirakelly.com/meditation-download。

透過這段冥想錄音幫助你肯定自己的存在與價值，對我來說將是最大的喜悅。它將幫助你喚醒自己的美好本質，擁抱源頭對你的無條件的愛，並且知道你確實值得完整表達自己。

這本書分享了許多重要觀念，但我最希望你記住的就是自己的價值和你擁有源頭無條件的愛與支持。只要你願意敞開心胸，這個深刻的領悟將轉變你的人生，就像它轉變了我的人生一樣。這些領悟讓我完全投入自己的獨特性，並且藉由創造有意義和成就感的人生來表達自己的本質。我將在下一章分享當我知道並相信神透過我散發光芒時，我的人生發生了怎樣的轉變。

# 第十章 信任自己，跟隨你的熱情

作為獨立的存在體，一個個體化的生命，靈魂可以自由創造經驗，以便在覺察中成長。靈魂這麼做是在實現它的存在目的，也就是成長與更加認識自己。透過如此作法，靈魂協助一切萬有更認識**祂自己**。

當靈魂準備投生到肉體，它制定的計畫通常很籠統。有時會加入特定細節，但往往只會挑選一兩個它想探索的主題。這些主題比較像是用意圖畫下主幹，而不是細膩的筆觸。靈魂選擇的主題對超靈、其他超靈同伴、靈魂家族群組，以及最終的一切萬有都有幫助。

我們可以說靈魂的主題就是它的命運。不過，命定論的概念也就到此為止。一旦轉世以後，真正的影響力是自由意志：**選擇的能力**。在一個人身上看似的命運其實是靈魂自由選定的主題。轉世的主題選好之後，我們可以自由運用任何方式探索。假如主題是「富足」，靈魂可以選擇生在貧窮、中產階級或富裕的家庭。接著，這個人可以選擇如何體驗自己與金錢的關係。想想那些白手起家的富翁、散盡家財的富二代以及無數爲了薪水奔走的人。

另一個例子是「愛」的主題。對你的靈魂來說，無論你在親密關係裡是一個善妒、佔有慾強的人，或是以相互尊重和欣賞建立和諧親密關係的人，靈魂都能得到同樣重要的領悟。

約翰今生的主題是「理解」，但是他的高我告訴我，約翰要如何探索這個主題的方式並非預先就設定好的。高我說約翰到目前爲止都做得很好，但他最後可能會選擇透過生病來探索他的人生主題。換句話說，選擇與調整在人生的過程中經常發生。在與約翰的高我對話時，它說約翰的其他超靈同伴經常以死於戰爭的方式探索生死的主題。

由於平衡的理解是超靈的方式，好幾個靈魂碎片會以它們自己的方法來探索同一個主題。這也就是適用「業」的觀念之處了。如同接下來有關「業」的更多討論，「業」只是超靈渴望從不同的觀點了解同一個主題，於是曾在某世殺人的靈魂，可能有個超靈同伴在另一世輔導殺人犯、防範謀殺案件發生、成爲被害人或是被害人的父母。無論是哪種角色，靈魂都有機會探索如何用愛解決衝突。探索的方法沒有限制，靈魂可以自由選擇如何透過主題來了解自己。

## 「業」的真諦

「業」象徵靈魂渴望平衡它的經驗。它象徵靈魂尋求從不同的觀點學習。每個靈魂都從不同的觀點體驗存在，然後在理解中成長。這些不同的觀點可能只出現在一世人生，例如從貧窮變富有；也有可能在許多世都以不同方式去體驗富足這個主題。

在「業」裡並沒有批判。「業」不是懲罰。它不是從外強加在你身上的東西，它只是超靈在學習過程中對平衡的渴望。如果你的靈魂基於過往經驗覺得有必要平衡它的能量，無論是不是在同一世，你都會找到最適當的方式去達到那個平衡，而結果就是我們所稱的「業」。每一種行爲都會製造一個結果。當你體驗到結果，你可以評估並決定這是不是你想要的。如果是，你已經學到你想知道的了。如果你對結果不滿意，只要下一次選擇不同的行爲就好了。

可惜的是，我們給「業」這個字賦予了批判的意味。這讓我們把自己變得渺小，覺得自己是受害者。這很諷刺，因爲你自己就有足夠的力量掙脫「業」的影響。一般人把「業」當成償還舊罪、虧欠或因果報應，這種觀念是錯的。平衡你製造出的負面能量與經驗，並不表示你必須有負面的體驗或承受負面情緒。你可以選擇有意識地承認你對平衡生命的渴望，你可以採取能讓你平衡現況的正面行爲。要知道，你有自由去選擇要做怎樣的自己；你的每一個選擇都在影響你的經驗。你走的每一步都是朝著你想要和偏好的方向成長與擴展。你有自由成爲你想成爲的人，體驗那樣的人生。

只有一個人會批判我們轉世後的人生過得如何，那個人就是我們自己。「上面」沒有人在爲你打分數。我們可以讓自己過得滿足。我們轉世爲人，是因爲我們渴望成爲更多、體驗更多、創造更多。能因爲自己的存在而提供幫助會令我們感到喜悅。

## 生命主題的意義

一旦我們覺察到自己的主題，就能自由選擇是否繼續努力那個主題，或是結束。即使主題是在我們出生前就已選定，我們也可以在人生途中就完成學習，那麼靈魂就會再選一個新主題去探索。你可以選擇了結一個主題，而不是把餘生都用在探索它。我們選擇了出生在集體意識擴展被當成共同主題的時候，因此，我們個別的主題——意識的轉變——也是在我們共同同意的集體主題下運作。

我想請你記住這個新觀念，下一次當熟悉的挑戰出現時，提醒自己，你學習的主題有一枚內建的引爆按鈕。你要做的只是用各種方式探索它，當你已達到與生命和諧共存的心理狀態時，你就能確定你已經到了可以引爆那個按鈕的時候了。當你選擇按下按鈕（我向你保證這個時刻一定會到來），舊的主題會就此結束。接下來你會有種完成與清楚瞭解的感覺。但無論你征服的山頂風景有多美，你內在的探險家一定會渴望新的視野。這時你的靈魂將會為自己選擇一個新主題去探索，而生命也將完美地延續下去。

## 練習　找到你的主題

請為這個練習保留十五到二十分鐘的時間。準備筆記本或一張紙放在手邊。深吸一口氣，然後慢慢吐氣。仔細回想人生中重複出現的模式。你在哪方面遇到同樣的挑戰？我們探索的共同主題有部份可能跟富裕、感情／人際關係和力量有關。有沒有哪一個主題引起你的共鳴？

當你想著追尋夢想時，心中會出現哪些恐懼？當你在做你喜歡的事——那些對你來說很容易，你特別擅長的事——的時候，碰到哪些障礙？把你想到的每件事都寫下來。

以我自己為例，我以前很怕公開演講。我很期待跟大家分享我的心得，卻又怕站在眾人面前。我必須克服這個恐懼並釋放無力感的主題，才能成為今天的這個我。

在寫下每一個你能想到的答案之後，把所有答案看過一遍，找找它們的共同點。在每個答案的核心裡尋找本質。那就是你的主題。

接下來幾天，我建議你做第五章的練習「如何找出限制你的信念並且轉變它們」。你的主題是中立的，它只是靈魂研究的一個領域。是你所執著的信念使它成了挑戰。透過以支持性的想法取代負面信念，你就能重新定義你的主題，讓它成為一個正面的經驗，並且最終結束這個主題。

既然討論到主題，我覺得這也是討論「錯誤」的適當時機。無論原諒自己有多麼困難，你都要瞭解人生裡並沒有失敗。每一個觀點都能提供學習與成長。每一個經驗都對靈魂的發展有幫助。因此，無論發生什麼都是好的。這一點千眞萬確。

或許你不喜歡人生裡發生的某些情況，但這並不表示你必須把它們視爲負面。不要貶低自己或是你的經驗。你創造的一切都對靈魂有幫助；一切都受到欣賞與珍惜。即使是你不喜歡的經驗也對你有益，因爲它們讓你知道你不喜歡用這種方式認識自己。

你無法改變你正在對抗的事。當你能夠愛、接受和欣賞全部的自己時，改變才會發生。戰爭永遠不會帶來永久的和平，無論是內在或外在的戰爭。只有愛與寬恕才能帶來和平。

你不再需要跟自己對抗。跟自己和解，無條件地擁抱良善的自己。把讓你感到羞愧的情況放到心裡，爲它們注入愛，中和負面的能量。寬恕自己，爲你所學到的經驗和課題去愛自己。如果你這麼做，你就能毫不費力地超越以往的戰鬥。你將能轉變任何情況。你將朝夢想的方向塑造人生，並繼續探索你的主題。

## 擁抱你內在的力量

一旦你意識到你的人生經驗是由自己創造，你才有可能轉變情勢。你不是任何事或任何人的受害者；你是充滿力量的創造者。我們的文化教導我們，世事本就不公平，因爲有一種神祕的東西叫做「命運」。但我們必須知道文化常態並不一定要成爲我們的經驗。我們的經驗與實相是由我們自己創造。

到目前爲止，你的人生經驗可能奠基於其他人的信念，那些你無意識地吸收或視爲理所當然的信念。但這些信念只是在心裡播放的音樂，它們就像一張刮傷的唱片播放重複的曲調。從神經學的角度來說，你對自己與人生的想法只不過是在大腦細胞路徑上穿梭的電子脈衝。身體製造這些脈衝與路徑是爲了傳遞與消化資訊。因爲你一直重複思考相同的想法，所以這樣的生理結構會變得非常穩固。對多數人來說，這已成爲思考特定主題的預設方式或立場。這是爲什麼比較正面的思想最初似乎難以成立，因爲它們跟你已建立的神經系統互相矛盾。儘管如此，也請保持正面思考。每個新想法都會透過重寫路徑，改變大腦。每個新想法都會改變你的觀點。每個新想法都會創造一個新的實相。每個新想法都讓你更接近你渴望成爲的那個自己。

你已經很有技巧地設計了人生的每個面向，既然你已覺察到自己的主題，你就能自由選擇新的嘗試。要對你的人生感覺良好並不需要外在世界的改變，你應該做的是專注於轉變你的內在世界。請相信，總有一天外在一定會反映出你內在的改變。

覺察你的信念。檢視它們，讓新的、更有支持性的想法取代舊的想法。你是擁有力量的。你有改變的力量。你是你宇宙的主宰。當這個新觀點成爲你的人生觀點時，你會有充滿力量的深刻感受與歸屬感。

多數人創造時是在固定的預設模式。我們並不知道自己正在創造，所以無法在創造時做出有意識的選擇。其實就連「預設模式」的創造都是有價值的經驗。它讓我們知道還有更好的選擇。此時此刻，我們可以在思想、行爲與行動上自由地主張、選擇和成爲我們想成爲的自己。

我說過，眞正的力量存在於當下此刻，因爲我們在此刻創造出我們選擇的自己，我們也創造過去和未來。唯有在此時此刻我們才能體驗生命。就像之前所討論的，被我們視爲「時間」的事件連續發展只是幻相／錯覺，那是三次元的方便作法。我們的思考心智，我們的自我，強烈專注在物質的存在，因此用時間做爲一個組織的工具。

記憶也是在當下此刻被創造出來。回憶只不過是你現在在想的想法罷了。你選擇回憶的經驗與你選擇感受這些「過去」事件的方式，都取決於你此刻心智的感知與你對自己的信念。你身旁的一切：人際關係、物件、事件等等都是中立的。人生中沒有任何東西有既定的價值或意義。事件的意義是取決於你的詮釋，而詮釋則取決於你的信念。

你有力量以你獨特的思維，爲事物賦予你的主觀價值。例如一張牛排的照片會令某些人口水直流，渴望吃到美味的肉；但對素食主義者來說，這張照片相當噁心，代表了他們反對的一切。觀察者的價值觀爲同一張照片貼上「好」或「壞」的標籤。

同樣地，人生中發生的每一件事都是中立事件。是你把它貼上「好」或「壞」的標籤。問問自己：「經歷這些負面事件對我有什麼好處？」每個情況都是一個學習機會，就算你的心得是你再也不想用那種方式認識自己！明白了每個情況都是中立的，你就能下定決心把注意力放在每一次的經驗所帶給你的正面收穫，然後選擇以新的方法去說你的故事。把重點放在收穫與優點上。採用正面詮釋，你就不會再覺得自己被邊緣化或被忽視，也不會自怨自艾。畢竟，贏家不會是受害者。

你的人生故事由你來寫。你希望寫出怎樣的故事？

## 練習　如何掙脫過往限制的束縛？

我要介紹一個非常有效的方法，它能讓你快速改變，協助你輕鬆掙脫過往限制的束縛。這個練習很有用，不只對正在面對挑戰的人，對於想改變人生各方面信念——包括自我價值、金錢或人際關係——的人也是。你可以跟治療師一起做這項練習，或是找位信任的朋友。你可以先把指示錄音起來，然後放給自己聽。你也可以在靜坐時，讀指示來引導自己。讓你的直覺決定最適當的方式並自由發揮想像力。這個練習至少需要二十分鐘不被打擾的時間。

用舒服的姿勢坐下或躺著，閉上眼睛，做幾次緩慢、放鬆的深呼吸，想像自己是在母親子宮裡的寶寶。把自己視為完美的造物，因為你真的是。你感到自己在母親的肚子裡非常溫暖和安全。感覺你的神性本質，知道你是受到滋養、關愛與支持的。你擁有你需要的一切。接著，讓想像力用你渴望的方式帶你經歷誕生。想像你吸到第一口空氣是什麼感覺。想像你在熱切的期盼、愛和興奮中來到這世上的感覺。

想像你過著你所渴望的童年。想像這個童年的你長大後，將會成為你渴望成為的那個大人。不要用現實的約束或任何限制去監管想像的內容。用最美麗的光在腦海裡描繪一切。

你的父母如何對待你？有沒有任何事件的發展方向是你想要改變的？有沒有原本需要發生的事件？或是本來不可能發生的事發生了？你的父母與老師會教導你什麼真理？你會希望你家有錢或窮一點？住在不一樣的地方？你想上哪間學校？你想要不一樣的朋友嗎？

想像這個新的孩子，這個新的你會被教導怎樣的價值觀與自我價值。關於愛、人際關係、金錢、工作等各個面向，你希望這個孩子抱持怎樣的信念？把這些新的想法與生活方式灌輸給這個孩子。這個孩子信任你，他把你的教導視為絕對真理。感覺這些認識自己的新方法已永遠烙印在這個美麗孩子充滿能量的細胞裡。

看著這個孩子慢慢長大成人。這個大人是完美版本的你。這樣的你是什麼樣子？你最有成就感、最快樂的人生是什麼樣子？這個版本的你跟現在的你有什麼不同？這個版本的你如何過日子？

接下來，想像完美版本的你與現在的你彼此吸引。感受完美的你與現在的你融合為一。你完全能感受到這個全新的、完美的你。你感覺你的振動頻率提升了。你沈醉在這個能量裡，你知道這就是現在的你。這是新的實相，新的你。認真地用全新版本的自己去生活。

這個孩子就在你內。你已轉換了實相，現在你擁有這個孩子的過去。你重新建構了童年的概念。現在你可以自由選擇，讓自己的說話方式與行為都是這個孩子的成年版本。你的過去無法阻擋你。你可以選擇你想要的過去。過去是現在創造出來的。透過創造新的過去，你創造了新的現在，也就是理想版本的你。選擇一個會支持你現在的理想版本的過去，這個理想版本正活出你的夢想。

做這個練習能讓你進入不一樣的腦波狀態，一種催眠的狀態。就像我的客戶一樣，當你離開這個出神狀態時，會有非常不一樣的感覺，猶如變成了另一個人。你會覺得更輕鬆，你會覺得更樂觀，就好像肩膀上的重量減輕了，你的呼吸更加順暢。透過這個練習，你允許自己發揮最大的潛力；你成為真實的你，那個最有創意、最會表達，也最愉悅的你。保持這個感覺。讓它烙印在你身體的每一個細胞，讓它成為你的新振動。信任它、活出它，從這個能量場建立你想要的人生。

如果腦中出現「但這不是真的！」的想法，記得這本書裡提過的可能自我與平行實相。提醒自己，你的人生故事由你來寫，而「真實」是一種非常主觀的感受。實相有許多不同的版本，對正在感受它們的人來說，每一種版本都是「真實」的。我並不是在鼓勵你編織謊言去告訴你的朋友，而是在鼓勵你改變自己的能量、你的頻率、你的態度與信念。我鼓勵你釋放自己，去體驗能使你快樂的人生。就因為有些事沒有發生在你所知道與記得的人生裡，並不表示你無法從中受益。只要用不同的方式去感受自己就好了。你可以切換到另一個平行實相，在這個現實生活裡你就是那個人。想要過充實美好的人生，你只需要得到一個人的允許，那個人就是你自己。請允許自己。

改變就是這麼簡單。

## 接連不斷的奇蹟……

接下來我要回到這本書一開場的那個故事，也就是我如何從公司法的律師變成幫助人們靈性成長的催眠治療師。這個故事說的是我如何掙脫過往限制的束縛，發現自己能夠振翅高飛。這故事的後續發展是最佳的例子，能夠說明我最重要的領悟：信任自己，並且時時刻刻都盡全力去追隨心中的熱情。

我的顳顎關節障礙在前世回溯後奇蹟似地痊癒，重新燃起我對回溯療程的熱情。我看每一本與前世和瀕死經驗有關的書。爲了告訴大家催眠回溯的力量有多強大，我免費送出了無數本布萊恩·魏斯的《生命輪迴的前世療法》，也就是啓發我的書。我的熱情點燃了許多人心中的火花。儘管工作忙碌，我還是盡量參加每一場前世回溯的研討會。我家的每一個人都試過我的催眠回溯，更重要的是，我心愛的另一半也試過。我甚至教他如何幫我回溯前世，而且經常請他這麼做。我之前提過，約翰是第一個讓我回溯前世的外人。我們一起建立的經驗非常正面，這讓我有信心也渴望讓自己再多放開一些，敞開心胸去接觸客戶。

同時，我也努力釋放限制著我的金錢觀。我意識到我的恐懼，因爲它們一直揮之不去。在我心裡，當治療師不可能養活自己。我之所以進入並留在法律界，原因來自我父母的金錢觀。我從回溯療程的領悟中，漸漸明白父母的信念源於他們的家庭與文化。我剝開層層信念的外衣後，發現它們甚至不是屬於我的想法。我允許這些想法和恐懼浮現，我中和這些情緒能量的方式包括了冥想、情緒釋放技巧（Emotional Freedom Techniques，簡稱EFT），以及本書提到的各種練習。接著我用自己的方式重新定義每個情緒。我知道我有權利選擇看待世界的方式與人生。當我淨化了與金錢有關的能量之後，我的眼前就像是出現了一個充滿各種可能性的新世界。

漸漸地，我允許自己成爲我認知裡的那個人，因爲我信任回溯並投入在過程裡，於是有愈來愈多的機會出現。其中之一是布萊恩·魏斯的親自邀約。布萊恩跟他的女兒艾咪（Amy）正在寫一本新書，書中介紹曾因參加他的工作坊、閱讀他的書、聆聽他的錄音而有所成效，或是使用回溯療法成功療癒客戶的治療師的故事。布萊恩教過的學生都收到他的電郵，獲邀參與這本書的創作。我提供了三則故事：兩則是我自己的前世回溯，一則是客戶的。雖然布萊恩跟艾咪收到幾百則回溯的故事，但是我提供的三則都被收錄在《奇蹟，正在發生》（*Miracles Happen*）一書中。我非常感激布萊恩跟艾咪的賞識，謝謝他們給我機會分享我跟客戶獲得的領悟。

然後我意識到自己已經成長到超越舊有的我的存在方式。這是發生在我為韋恩・戴爾博士進行回溯療程之後。幾個月前，一個朋友告訴我韋恩正帶領一群人在歐洲旅遊，這場活動叫做「體驗奇蹟」（Experiencing the Miraculous）。我的直覺對**奇蹟**這個詞產生迴響。我知道韋恩有白血病，我的內心深處知道他已準備好接受奇蹟：一個療癒的奇蹟。我把這個直覺告訴朋友，她知道我的回溯療程具有強大的療癒力。我告訴她如果韋恩接受前世回溯，對他應該有幫助。她鼓勵我主動跟韋恩聯絡，為他做催眠回溯。

我大可無視她的建議。事實上，一開始我確實如此。我不知道如何聯絡韋恩，也不知道他對我的催眠回溯是否有興趣。我想像他身旁一定有不少厲害的治療師。不過，必須找他談話的渴望一直沒有消失，甚至愈來愈強烈。

最後，我提醒自己我有多麼熱愛幫助別人，於是克服了抗拒心態。我告訴自己如果我註定要成為神的工具，就必須允許任何必須發生的奇蹟有機會展開。我研究了幾天終於找到韋恩的地址，然後寫了一封信給他。

一個月後韋恩打電話給我時，我已經把那封信的事拋諸腦後了。我們簡短討論了催眠回溯的可能性，掛上電話前，我打斷了韋恩的道別。在我自己都還沒意識到之前，我聽見自己的聲音說我想寄給他一位女性瀕死經驗的故事。

「我說這個幹嘛？」我心想。但是我已經學會重視和遵循直覺，所以我順其自然地繼續下去。韋恩毫不遲疑地給了我一個傳眞號碼。他並沒有問我想傳什麼給他。在剛才的對話裡他已說過，神會用不同的方式跟我們說話。

回想起來，我非常感謝他因爲相信自己而跟我聯絡，也因爲相信我而接受我傳給他艾妮塔．穆札尼瀕死經驗的故事。我是前一天才收到附加這個故事的電郵。我在某個郵寄群組裡，群組成員經常分享心靈主題的故事，艾妮塔．穆札尼的瀕死經驗是那天分享的故事之一。電郵裡的文章摘錄提到艾妮塔說明所有的可能性同時存在。（如果你再想看這段摘錄，請翻至本書第二一〇頁）

想到靈知道要如何吸引我的目光，我就覺得很有意思。我因爲約翰的回溯療程開始對同時性的人生產生極大興趣。不過死後世界存在的討論對我來說並不陌生，因此如果這段摘錄看起來只不過是「一則有趣的瀕死經驗」，很有可能就會被我忽略。但我看得出來艾妮塔的文章值得一看。

當印表機印出這二十一頁文章時，我感受到一股喜悅：有好多內容可以看！我知道這會是很棒的閱讀享受。我拿了支喜歡的筆坐下，準備在看到珍貴的智慧之語時畫線；我知道我一定會看到。

艾妮塔的故事給我一種神奇的感覺，我覺得自己進入了靈魂的眞實振動。我彷彿遇見自己恢宏的部分。透過前世回溯，我也跟艾妮塔一樣領悟到任何身體病痛都開始於能量層面。甚至在開始看她的故事之前，我就已經相信移除沈重的負面能量能讓身體瞬間療癒。

當然，艾妮塔的故事也提到另一個我非常重視的主題：存在的同時性。因爲所有的事件都是同時展開，所有的可能性存在於同一時刻，所以我們可以在實相之間穿梭，創造與體驗最符合我們最高善利益的實相。我實在很喜歡艾妮塔的瀕死經驗與她分享的資訊。

然而掛了韋恩的電話之後，那個問題再度浮現：**我為什麼覺得自己必須跟他分享艾妮塔的故事**？我能想到的唯一解釋就是它完整描述了我的信念以及我能給韋恩的幫助。把艾妮塔的故事傳給韋恩，就等於在告訴他：「我知道你的白血病可以瞬間療癒。」與其花大把時間在電話上說服韋恩，不如透過艾妮塔簡單而流暢的文筆所寫下的故事。

如今我明白這股直覺衝動的第二個原因：我要把艾妮塔啓發人心的故事散播到全世界。韋恩很喜歡艾妮塔的故事，他把這則故事轉發給賀屋出版社，並且鼓勵他們去找艾妮塔簽約寫書，而賀屋眞的這麼做了！我只是跟隨自己的熱忱並分享自己的熱情就能跟一切萬有服務彼此！這就是「合一」在作用。

艾妮塔的故事來到我面前的時機恰到好處。如果提早一天我可能不會記得，也就不會跟韋恩分享這個故事。如果晚了一天，艾妮塔與她深刻的文字很可能就無法得到如現在這樣的廣泛關注。這件事的同時性如此神奇，提醒著我們一切都是同時發生在同一個超越時間的時刻。也正因爲如此，我們最需要的幫助隨時都存在並支持著我們。

幾個月下來我跟韋恩又談了幾次，我們決定了催眠回溯的時間，於是我飛去茂伊島跟他碰面。我相信韋恩可以療癒，這不是祈禱也不是希望，而是一種深層和絕對的知曉。

我打開寄來艾妮塔故事的電郵，看看寄件人是誰。奧茲吉安·祖克菲爾（Ozgian Zulchefil）是一位住在羅馬尼亞布加勒斯特的工程師，我聯絡他之前並不認識他。我把這次與他有關的神奇同時性告訴他。他很高興我特地跟他說這件事，雖然他不記得自己是在哪裡看見艾妮塔的故事。他說這證實了我們的言行不斷影響著彼此，即使我們自己不一定知道。因此，他這麼總結，「人生的每一個時刻都要抱持正面的態度，就算你一開始找不到原因。」我忍不住微笑。

不久後我又收到來自同一個群組的一封電郵，建議我看一場啓發人心的訪問，受訪者是艾妮塔・穆札尼，她在瀕死經驗之後奇蹟似地治癒了癌症。一股強烈的興奮湧起，我想到艾妮塔充滿力量的愛的話語因爲韋恩跟我而鼓舞了千百萬人。收到這封電郵證實了這個能量循環已經圓滿，韋恩跟我已經完成任務。於此同時，艾妮塔的話語也幫助了我們創造韋恩的療癒。

我結束韋恩的催眠療程後返回紐約，我的心中充滿感激。我感謝自己能幫助韋恩治療白血病，並且釋放導致白血病的情緒因素。我感謝因爲自己主動跟韋恩聯絡，才能讓更多人知道艾妮塔意義深刻的故事。我也感謝韋恩跟宇宙給我機會認識了內心深處眞正的自己：一位回溯治療師。

我走進公寓時，我老公在門口迎接我。他跟我說了聲哈囉，然後問我這趟旅程情況如何，接著他突然改變話題，他說我看起來不一樣了，而且能量也感覺不同。他說得沒錯。我已經轉換到一個新實相，我已轉變成另一個米拉。

我知道活出眞正的我的人生已經開始。錯過現在就沒有機會。我迅速決定離開法律界，轉而投入爲我帶來豐富意義與成就感的工作。彷彿是爲了讓我知道我已走上正確的道路，宇宙送來一份無價的禮物：韋恩打電話過來，說他要把我們的催眠回溯療程收錄在《夢想的顯化藝術》裡。

奇蹟接連降臨在我身上。從那時起，催眠回溯工作已變成我的人生。而我的人生已變成一場支持我的同時性所引發的神奇大爆炸。

似乎是爲了繼續鼓勵我，宇宙最近又送給我一份禮物。在我把這本書的書稿寄給出版社的前幾天，我聽到一個很棒的消息：布萊恩・魏斯要上歐普拉（Oprah Winfrey）的節目《超級靈魂星期天》（*Super Soul Sunday*）。爲了讓觀眾熟悉布萊恩的書《奇蹟，正在發生》，他跟歐普拉決定完整分享一則我提供的前世故事。《奇蹟，正在發生》收錄了許多回溯故事，但他們從中選擇了俄國女醫生與美國士兵的故事。這個消息讓我興高采烈。我的感恩之情言語難以形容，因爲我的第一個回溯經驗將出現在歐普拉的網站上。

我覺得自己好像什麼也沒做，而一切爲了我水到渠成。再多的思量、計畫或希望都無法給我機會把自己的故事放在布萊恩與艾咪的《奇蹟，正在發生》。再多的努力也無法強求韋恩接受我的催眠回溯，或是讓他把這次療程收錄在《夢想的顯化藝術》。再多的刻意行動也不可能讓我的第一次前世回溯登上Oprah.com。我只做了一件事：單純地調整頻率。我的頻率與我最高善利益的能量符合。透過表現出最偉大的我，我與服務能量的頻率校準。我的能量頻率符合這些人的能量以及他們想要創造的結果。

調整頻率對我是輕而易舉。只要追尋對我來說很有趣且令我感到興奮的事就行了。我投入催眠回溯的奇妙世界，不是爲了讓自己的工作成果被收錄在韋恩・戴爾跟布萊恩·魏斯這樣重量級作家的著作裡。我做的一切只是因爲對我來說，思考、閱讀與討論回溯是全世界最有意思的事。我一開始並沒有打算把它發展成事業。如果我好好的理性思考，我絕不會花這麼多時間跟金錢做一件跟當律師差距這麼大的事：一件只帶給我內在成就感的事。但正因如此，我的人生才會出現這麼多奇蹟。

## 放下懷疑與恐懼

巴夏（Bashar）是透過達若·安卡（Darryl Anka）傳訊的存在體，它說感到興奮是身體在傳達那就是你的靈魂選擇要在人生創造的事物的振動，而能夠激發我們內心這些感受的事，就是最像我們的事。它們反映了我們最高善的表現。喜悅感爲我們指出我們最能輕鬆完成的事。巴夏鼓勵我們在任何時候都應該把握機會，去做最能帶給我們興奮和快樂的事情。當我們去做帶來最大喜悅的事，就等於是說：我們相信我們可以做眞實的自己，而我們的行爲也符合眞實的自己。

由於眞實的我們永遠是被支持的，因此能激發我們熱情的事，也能喜悅且毫不費力地擴展我們的靈魂。儘管如此，只有在我們面對與整合恐懼之後，才有可能成長。成長並不意味著逃避恐懼，或是假裝恐懼並不存在。光不會推開黑暗；光穿透黑暗，爲黑暗注入明亮。成長意味著面對內心恐懼，看著那些使恐懼看似強大的信念，然後爲那些信念注入光與理解。

最大的潛力伴隨著最大的恐懼。巴夏告訴我們，恐懼是因爲眞實自我的能量被層層限制的信念過濾掉了。當這些受限的信念被檢視、釋放，再以支持的信念加以取代，我們就能更爲擴展並成爲更恢宏的自我。因此，恐懼只是一個信差，它親切地告訴我們，我們所接受的想法並不屬於我們。如果我們釋放這些恐懼，就能以更喜悅的方式感受生命。

我一直對回溯的世界非常著迷。自從小時候看了第一本前世回溯的書之後，它就令我好奇無比並帶給我喜悅。後來我的下巴奇蹟似地康復，我便完全投入我的熱情。一開始這麼做似乎完全無害。這件事只佔據了我的閒暇時間，讓我以新的觀點看待世界，而且也是聊天時的精采話題。由於與催眠回溯有關的一切帶給我很大的滿足感，所以我把握不斷出現在我面前的相關機會。能量因此持續累積，並且塑造出一個全新的人生。

另一方面，身爲律師的我爲股票上市的公司服務。我的工作與華爾街的走勢息息相關。二〇〇八年撼動全球的金融海嘯也影響了我看似受到保護的世界。每天都有許多律師失業的消息，使得律師人人自危，包括我在內。那種感覺猶如世界末日。環境的緊張使我不禁問自己一個顯而易見的問題：「如果我失業了又找不到律師的工作，該怎麼辦？」

我記得有一天坐在辦公桌旁，盯著前方的牆壁發呆，突然有種急迫感。我需要一個計畫，一個備案。我迅速盤點自己的每一項技能。在強大的壓力下，我的盤點結果眞實又清楚，堪比最後審判日。

我唯一能提供給這個世界的技能，就是爲人回溯前世，催化療癒與轉變。我相信，在此亟需指引的情況下，我開啓了與高我溝通的管道，於是我清楚地聽見答案。那一刻，前世回溯在我心裡升級了，它從單純的嗜好變成可以用來謀生的工具。前世回溯早就是讓我覺得最接近眞實自我的管道，它讓我覺得充滿活力、無比喜悅。我能夠完全感受當下，也能感受到與源頭的連結。我因此找到並成爲眞實的自我。成就感與有意義的工作雖然很吸引人，但這種高興只持續了一秒鐘，焦慮就一下子掐住我的喉嚨。以催眠回溯當作謀生工具，這個體認掀起內心巨大的恐懼。

我的恐懼跟金錢有關。我就是無法相信能靠療癒工作爲生。幸好，我沒有時間壓力。我又繼續當了三年律師，有充足的時間處理造成恐懼的負面信念。記住，你的轉化速度取決於你給它多少時間。我花了這麼久，是因爲這是適合我的步調；這樣才有安全感。我在檢視自己的信念時既坦誠又仔細。我遵循我在這本書裡分享的原則並且配合情緒釋放技巧釋放了限制我的所有信念。許多信念可以追溯到童年，我發現我所理解的實相如催眠般地來自我的父母，而他們理解的現實又來自他們的父母。

我決定尊重我的信念，而不是與之對抗。如果我否定它們，就等於全盤否定自己以及我基於這些信念所創造出來的一切。唯有接受它們，我才能慢慢地把它們轉變成適合我的新實相的信念。

我的高我與思考的心智都參與了這場精心編排的舞蹈。我的思考心智對高我說：「我相信你在前世回溯裡給我的領悟能讓我每天都充滿成就感。但是我很害怕。我有很多財務上的責任。」我的高我答道：「我非常愛你。我希望你過得快樂，所以我會讓你繼續有工作，給你充足的時間處理那些限制你的思想。你可以信任我。我會保護你。我不會讓你受到傷害。」於是我的思考心智說：「謝謝你。我會做回溯的工作，但請給我徵兆讓我知道我是走在正軌。」

我緩慢而努力地處理恐懼。於此同時，我允許自己慢慢站出來，以回溯治療師的身分面對世界。我的高我非常講信用，這一路上給我許多令人振奮與鼓舞的徵兆。

我對自己的熱情採取行動，就等於重申我對自己、高我和宇宙所做的承諾。我走進最恢宏、最快樂、最滿足的自己。我透過行動將能量扎根，走我該走的路，因此源頭也給我愈來愈多的機會。我對自己的熱情採取行動，而我獲得的喜悅讓我知道前世回溯可以支持我。回溯工作給我愈多支持，我就愈相信它，也愈容易採取更大規模的行動去肯定這份喜悅。一點一滴地，我放下了我只能靠當律師生活的想法。這個理解來得很慢，但它的確穿透了黑暗，用明亮吞沒黑暗。

❖ ❖ ❖

我們不需學習信任；我們需要的是學習不要懷疑。巴夏說，懷疑就是百分之百相信一個頻率不符合眞實自我的信念。如果你失業了，而你懷疑自己能否找到一份薪水不錯的工作，就等於你把所有信任都放在這個匱乏的信念上：你相信自己是不足的。

如果我們感到懷疑，這是因爲我們相信的是一個不符合眞實自我的頻率。靈魂能夠創造與感受物質實相，因爲它們信任並強烈專注於特定的條件。催眠回溯的工作讓我領悟到，靈魂爲了轉世物質世界，必須處於完全信任的狀態；要有極大的信任才能讓自己遺忘自我的眞實本質與力量，並把自己放在這個充滿限制的地球上。在每次化爲人身逗留地球的期間，我們的內在都有完全信任神性的能力。因此，依巴夏的說法，我們永遠都在信任。如果信任機制早已存在於我們之內，那麼我們只需要引導它去感受我們所渴望的實相就行了。

學到這個與信任有關的獨特觀點，令我鬆了一口氣。我不需要學習信任。我不需要跨越任何障礙。我早已知道如何去信任；事實上，我時時刻刻都在信任。我需要明白的是我爲什麼會相信匱乏的想法，尤其是我爲什麼會相信完全反映我熱情的工作無法養活我。答案很清楚：想像中的壞處比我知道的壞處更可怕。

工作壓力、漫長的工時、無論日夜客戶找我都要隨傳隨到、誇張緊湊的時程表、心力交瘁與缺乏個人生活，這些都是我知道的壞處，而我早已習慣。我知道要如何應付這些壞處。但前世回溯無法在金錢上支持我，這個壞處更加恐怖。一旦我理解到這點，我的問題就變成：我如何讓自己信任我想信任的事？我意識到關鍵在於重新聚焦。

我們催眠自己相信某些事情。我們挑出一種或數種觀點，然後把它視爲理所當然、毫不質疑。另一方面，我們排斥所有相反的觀點。這一切如此自然，我們甚至不會停下來思考不同的作法。我因此做了一個決定：既然我已經知道要如何催眠自己去相信某種想法並排除其他可能性，而且是如此有效，那麼我只要有意識地走過同樣程序就好了，只不過，這一次我是把注意力放在我想相信的事情上。這其中的差別非常微妙，我只是保持覺察和覺醒，然而結果卻非常深刻。

我釋放了受限的信念，我把催眠回溯視爲可行的事業。我選擇內化這個想法，因爲神創造了我，而催眠回溯是我的熱情所在，宇宙希望時時看見這份喜悅。我知道源頭無條件地愛我，它會支持我用任何我想要的方式認識自己。它曾支持過去那個相信自己只能當律師爲業的我，現在我重新定義了我的喜好與人生焦點，它怎麼可能不會同樣地支持我呢？

我想要改變我對自己的定義。我相信一切萬有給我的無條件的愛，祂會支持我的創造。而這就是無條件的愛：沒有任何限制或條件的愛與協助。我選擇重新定義富足的意義。我選擇看見自己的富足不只在於金錢，也在於機會、朋友、可能性、開闊的心胸與心智。

我選擇信任生命的擴展。我選擇信任自己的成長方向。我選擇信任我的本質得到支持。我選擇信任我因爲我的本質而被愛。我選擇信任在我的每一個想法、每一個念頭、每一個渴望與每一個計畫裡，宇宙都用無限的富足支持著我。我決定信任這樣的支持在過去、現在和未來都是適當且恰到好處的。我爲自己寫了一小句眞言：**我信任自己**。**我**

**信任我的人生。我信任一切萬有。**

這句眞言成爲我的神聖話語，我很樂意跟大家分享。我要請你把它寫在便利貼上，貼在浴室的鏡子、冰箱，或是辦公室的電腦上。牢記這幾句話，把它變成你自己的想法。信任確實是一切的核心。

我的焦點穩定且明確。隨著時間，奇蹟不斷出現在我周遭。機會用超乎我想像的方式安排它們自己登場。這感覺猶如一股潮流推動著我前進，我要做的只是坐在船上讚嘆身旁的景色。

## 練習　如何發現你的人生目的

「我的人生目的是什麼？」

這是多數客戶都會問的問題。走進我辦公室的客戶中，鮮少有人清楚明確地知道自己此生的使命。這個問題之所以如此重要是有原因的：它直搗人類存在的本質。

化創造力為行動就是在表現我們的本質，也是我們一開始被創造出來的原因。你還記得瑟琳娜的前世嗎？她描述了靈魂為何被創造出來。源頭創造了你，因為你獨特的能量組合滿足了某個需求：一個在你之前所有的存在都感受到的空洞。你被創造出來的目的，就是要做你自己獨特色彩的組合。

我們小時候常被問到：「你長大之後想做什麼？」我們相信自己必須擁有一個終生的事業，一個定義我們的頭銜或目標。當我們看不見這樣的東西時，心中就充滿困惑。我們開始發狂似地問：「這是我該做的工作嗎？我的人生目的是什麼？我不知道我的人生目的。」我們往外尋找答案，而不是往內。

其實答案很簡單。你人生裡的唯一目的就是**做你自己**。這就是你被創造出來的原因：在每一個時刻都要當完整的自己。很多人會被這個答案嚇到。「不可能這麼簡單吧！」他們說。他們以為自己的「人生目的」是成為某個了不起的、偉大的、值得他們付出時間的成就。事實上，最偉大的使命都是一步一步完成的。了不起的人生也是一分一秒活出來的。有什麼比時時刻刻、完完整整地「做你自己」更值得付出時間？

我們每個人都用不同的方式表達這個簡單的人生目的，因為每個人都不一樣。如果你想知道自己的人生目的，可試試這個方法。

請至少安排二十分鐘的安靜時間。問自己以下的問題，把答案寫在筆記本上：

- 你最喜歡做什麼？
- 你做什麼事最不費力？
- 你擅長什麼？
- 人們常稱讚你什麼？
- 做什麼事會讓你覺得時間過得很快？
- 你做什麼事情會做到忘我？

找出這些問題的答案是明白人生目的的第一步。這會給你一個大致的想法。

第二步是問問自己如何把這些技巧落實在物質實相裡。問你自己，「我如何透過我的能力與帶給我喜悅的事去幫助別人？」冥思這個問題，把想到的答案寫下來。當你信任自己的衝動、尊重自己的熱情，你就會受到引導、採取行動。

不要期待這些行動很「重要」，它們可能重要，也可能不重要。你不需要知道這些行動如何創造出一個事業或工作。每一步都會揭露更多答案，就這樣一步一步創造出一條路。最重要的是你透過採取行動，把你的創意能量錨定、落實在物質實相。把你寫下來的答案當成藍圖，作為未來幾天、幾個月或幾年的參考。

第三步也是最後一步：對你的喜悅採取行動。要過有目標和意義的人生，關鍵在於時刻問自己：「目前所有的選擇裡，哪一個帶給我最大的喜悅、熱情與成就感？」然後，做出那個選擇。真的就是這麼簡單。請牢記這個問題，把它當成生活準則。讓我遵循自己道路的人生故事鼓勵並啟發你。

我現在的人生從來不曾是我的規劃目標；我只是跟隨我的熱情，一步接著一步。請把下面的想法拋開：我不知道我的人生目的。即使你只是剛開始朝著真正的自己前進也沒關係，請把這句話做為全新的宣言：**我過著有目標有意義的人生。我時時刻刻選擇做我自己，並且為熱情採取行動。**

我們的人生目的就是做自己，並在幫助他人的同時，對那些令自己興奮的熱愛事物採取行動。

每當你碰到人生目的這樣的話題時，請分享你現在的收穫。提醒身邊的人，沒有好好做自己就等於剝奪了自己被創造出來的理由。教導身旁的孩子、鼓勵身旁的成年人，在任何時刻都要忠於自己，但最重要的是活出自己的熱情。

活出你的熱情。因為當你忠於自己，你便是在允許周遭的人活出他們的目的。

如果我們每個時刻都忠於自己、做自己，尊重自己也榮耀神，你能想像這樣的世界會

# 後記　輝煌的擴展人生

今天我依然對同時性充滿信心，讓它帶領我去必須去的地方。我的人生故事仍在繼續。不過，每當有人對我說我的旅程帶給他們極大的啓發時，我總是覺得心裡暖暖的。我允許自己的人生方向從律師變成回溯治療師。若我的故事引起你的共鳴，此刻你閱讀我寫下的字句定是神性的精心安排。你現在也走到了渴望創造輝煌的擴展人生的時候。我是一個例子，讓你知道只要是做自己最愛的事情，一定可以獲得支持。當你完全掌握你的力量時，你將體驗到以前從未想過的、充滿意義與成就感的人生。

讓這本書裡分享的領悟深深地滲透到意識裡。思考它們，然後運用在生活上。做做練習。用這本書裡的全新觀點去看過去的事件。操縱時間。接受同時性、奇蹟與魔法。寬恕自己與他人。更重要的是，付出愛。我們都很擅長愛別人，現在請同樣地愛自己。當我們自己的杯子滿了之後，我們才有更多的愛能給別人，而且是眞誠、無條件的愛。

把這本書帶在身邊。就算已經看過了也沒關係，因爲它的能量會強烈地提醒你靈魂的眞實方向。分享書中的故事跟領悟。像我一樣，把這本書送給每一個志趣相投的人。透過熱情，你可以點燃別人心裡與思想的火花。透過教導，你將理解更多，得到更多領悟。請信任自己，信任生命，信任宇宙。更重要的是，知道你是被愛和被珍惜的。源頭創造你的時候很清楚自己在做什麼。源頭不做沒意義的事。

我允許了自己成長，成爲眞正的自己；所以我知道你也做得到。你已經吸引了我的故事做爲例子，因爲你的內在擁有相同的振動頻率。如果你沒有高我的潛力，如果它沒有尋求表達，你就無法感知到其他人表達潛力。因此，我鼓勵你信任自己的成長。信任你的熱情正在引領你方向。

我已經準備了一項工具幫助你發展。它叫做「信任冥想」（The Trust Meditation），這個冥想專注於愛自己與信任。請到我的網站 www.mirakelley.com/meditation-download 免費下載錄音檔。這個冥想能讓你輕鬆地釋放限制你的信念，並且內化你是「有價值且擁有愛與支持」的想法。它會引導你信任自己的偏好，調整頻率，創造出最好的人生。

附錄 A 提供了一段引導文字，你可以用它來做前世回溯。你可以請個信任的朋友唸給你聽，也可以用自己的聲音錄下引導詞。如果你願意，也可以用我的 CD《前世回溯與超越輪迴》裡的回溯。無論選擇哪一種方式，前世回溯都會帶領你進入一個奇妙世界，而這些經歷能夠神奇地改變人生。你將會重返你活過的其他世。它會讓你釋放身心創傷，幫助你接收來自高我的指引。聽過一次之後，接下來每聽一次你就會進入得愈來愈深；出神狀態會一次比一次深層，探索的潛力也會愈強大。因此，請聽從直覺經常利用這項工具。

我很想聽聽大家的經驗，歡迎寄電郵給我：info@mirakelley.com，跟我分享你的故事。我深感幸運，有機會做一份每天與靈魂溝通的工作。我喜歡站在意識擴展的最前峰，也很高興能夠與人們建立深層的連結，幫助他們療癒身心、轉變成更恢宏的自己。前幾天，有一位美麗的女士從瑞士大老遠跑來找我。「現在我知道你爲什麼這麼喜歡自己的工作了。」療程結束後她說。她剛剛離開出神狀態，臉上帶著每一位客戶醒來時都會有的愛與輕鬆的神情。

我把無盡的愛送給你，感謝你讓我透過前世回溯帶著你踏上這趟冒險、轉變和療癒之旅。

在光、愛與唯一裡的

米拉·凱利

# 附錄A 前世回溯指引

你可以利用下面這項工具自己體驗前世回溯。你可以自己錄下導引詞，然後播放錄音；也可以請一位信任的朋友幫你唸。無論選擇哪種方式，關鍵是慢慢地、用溫柔的聲音唸出來。段落之間一定要停頓。在需要停頓久一點的地方，我已在段落最後用括號標註。如果你擅長使用科技產品，錄音時可以在背景加上放鬆的音樂。但是音樂可有可無，那只是幫助你享受回溯過程的方法。

請坐或躺在一張舒服的椅子上進行回溯。我建議你選覺得精神充沛、心情放鬆的一天做前世回溯，而不是疲憊又愛睏的臨睡前。（附錄B有更多與回溯過程相關的資訊。）最重要的是信任自己，信任你將得到對你最好的幫助。

前世回溯的時間大約是三十分鐘。結束後，給自己足夠的時間消化剛才的經歷。不論想到什麼都寫下來，包括感覺、想法、畫面與體悟。你也可以選擇靜坐或去散個步，思考一下剛才回溯的人生。

前世回溯的導引詞：

輕輕閉上雙眼。

深吸一口氣，慢慢吐氣。

讓自己慢慢放鬆。

讓自己慢慢飄起來。

深吸一口氣，再慢慢吐氣，你可以看見或感覺，或想像源頭的神性之光正包圍著你。

你看見、感覺或想像這道白光慢慢地滲進你的雙腳。

這道美麗的白光非常溫暖，你雙腳的肌肉慢慢放鬆。

感覺這道白光從你的雙腳到了你的腿。

感覺這道白光溫暖了你。

你感覺你的雙腳和雙腿都非常放鬆。

這個舒服的光放鬆了你小腿的肌肉和膝蓋。

感覺這道光慢慢往上走，放鬆了腿骨與肌肉。

你看到能量穿過了臀部的肌肉與髖骨，慢慢地、溫和地往上傳送。

讓這道光放鬆你腹部的肌肉。

感覺到它紓緩並放鬆了你的胃。

你感覺或看見這道光慢慢地、溫和地進入胸部，讓你的呼吸更平緩深沈。

現在深深吸氣，感覺你的胸口很放鬆、擴展。

你覺得愈來愈輕鬆。

你看到、感覺或想像這道白光包圍著你的心臟……白光進入了你的心臟。

你感覺到心臟的能量被淨化。

隨著每一次的心跳，你的心臟把這些平靜與祥和的感受……這個神性的白光……經由動脈傳送出去，它穿過血管，抵達你身體裡的每一個內臟、組織和細胞。

你愈來愈放鬆，你深深的放鬆了。

現在，你看見或感覺到這個光走到了指尖，它紓緩並放鬆了你的雙手。你的雙手更舒服了。

感覺這道白光往上到了手肘，再往上到了肩膀。

看見或想像這道白光從臀部到了背部，它紓緩並放鬆了你腰部的肌肉，它輕柔地沿著脊椎往上。

就在現在這一小片刻，你可以暫時放下你肩上的所有煩惱。以後你有很多時間可以處理它們。

你愈來愈放鬆，你深深地放鬆了。

你感覺到或看到這道白光到了你的脖子，它紓緩並放鬆了你脖子的肌肉與喉嚨。

感覺這道白光往上到了頭部跟臉部。

放鬆下巴，放鬆嘴唇，放鬆舌頭。

感覺臉部所有的肌肉……臉上的皮膚……頭皮……甚至連耳朵都放鬆了。

放鬆你的眼睛。

感覺這道白光輕柔地進入你的腦部。

想像你看到無限的符號，一個躺下來的數字8。

請想像並在心裡跟著光從大腦的一邊到另一邊……光圍繞著左腦跟右腦轉圈……描繪出無限符號的形狀……追隨無限的路徑。

來來回回……來來回回……來來回回地從左腦繞到右腦。

這麼做能讓左腦跟右腦更協調……讓身體與心智同步……讓心智與高我同步。

感覺你的心智、心理狀態、思考都漸漸放鬆。

所有的恐懼、擔憂、懷疑都漸漸減輕了。你的身體徹底放鬆了。你感覺到祥和與平靜……還有深層的放鬆。

左腦與右腦之間有一個小小的腺體叫松果腺。松果腺能讓我們連結其他次元、頻率……以及其他世人生。

想像這道白光輕柔地撫觸松果腺，讓松果腺分泌二甲基色胺（dimethyltryptamine，又稱爲心靈化學分子）幫助我們今天的回溯探索。

感覺、看見或想像這道白光將你圍繞，你被包覆在一個白光的繭裡面……一個白光泡泡。

你受到保護。你很安全。你感覺得到，你知道。〔停頓〕

現在，你打開心了。你放鬆了。你願意取得平衡。你願意得到療癒。你願意被轉變。你願意擁有無條件的愛。

現在在心中邀請天使加入我們，用愛、光與療癒的能量支持我們。〔停頓〕

當你還在白光的繭裡，感覺、看見或想像有四位天使加入你。你想像或看到的天使無論是怎樣的外貌與形態都可以。

看著天使在你身旁就定位。一個在你頭上，一個在你腳邊，另外兩個在你的左右兩邊。

感覺祂們的能量輕柔地連接你的能量……祂們慢慢抬起包裹著你的白光泡泡。

讓自己在天使的懷中放鬆。讓自己飄起來……你很安全，你是受到保護的。

天使抬著你愈升愈高……愈升愈高。

天使能帶著你穿越時空，往任何時空方向。

我請天使帶著你穿越時空，你會來到另一個時間與空間，你要在這裡學習和領悟重要的事……這件事將以最好的方式幫助你。

天使帶著你。

你飄啊飄，飄啊飄……飄啊飄，飄啊飄，你穿越了時空。

你感覺受到保護，你很安全……你覺得自在又放鬆。

天使知道方向。祂們帶你來到一個時空，你要在這裡學習和領悟重要的事。

現在天使停了下來。祂們帶著包裹你的白光泡泡慢慢下降，來到地面。

白光泡泡已抵達地面。

現在我會從三數到一，當我數到一的時候，你會來到泡泡的外面。

三……慢慢走出白光，

二……慢慢走出白光，

一……你來到泡泡的外面了。

這裡是另一個地方，另一個時間。

看看四周。

用所有的感官去感受。

你最先看到哪些東西？

你最先感覺到或最初的印象是什麼？

看看你的腳。你的腳上有東西嗎？

看看你的腿和身體。你有穿衣服嗎？如果你有穿衣服，是什麼樣子的衣服？〔停頓〕

把手伸到面前，仔細看一看。你手上有沒有拿東西？〔停頓〕

你的身上有沒有飾品？

你是男人還是女人？

你幾歲？

你的外貌是什麼樣子？

現在是白天還是晚上？

你身旁有沒有其他人？〔停頓〕

請探索這一世人生的重要事件。〔停頓〕

如果有讓你感到不自在的事，你可以飄升到場景上方，從上面繼續觀察。你可以隔一段距離繼續觀察，因爲你很安全，你是受到保護的。〔停頓〕

你可以穿梭時間，深入了解這一世人生故事的完整發展。〔停頓〕

這一世有沒有你現在認識的人？〔停頓〕

現在前往這一世人生的最後一天，體驗靈魂毫無痛苦或掙扎地離開身體。〔停頓〕

這一世你得到哪些領悟？〔停頓〕

這個經驗與你的今生有何關聯？〔停頓〕

哪一個領悟對你的今生來說很重要？〔停頓〕

現在慢慢飄離這些場景……慢慢飄離……慢慢飄離。

讓自己慢慢飄離這些場景。

你的高我、指導靈與天使會繼續在你的夢中和清醒時刻，以直覺、徵兆與靈感的方式提供訊息。接下來的幾個夜裡，你的夢境會特別逼眞，你對夢境的記憶也會比以前更清晰。

現在請回到你這一世。你會清楚記得剛才的每一件事。任何時候，只要你聽見這段錄音和進行回溯，你永遠都能得到來自天使的引導、療癒和幫助。這永遠都會是帶來轉變和療癒的愉悅經驗。

現在我要從五數到一。數到一的時候你會醒過來，你會覺得神清氣爽、心情愉快。

五……慢慢醒過來；

四……讓自己回到此時此刻；

三……慢慢醒過來；你感到你已充分休息、神清氣爽；

二……你可以伸展手臂，伸伸雙腿；

一……張開眼睛。你已完全清醒、你感到心情愉快：你感覺被愛、感覺精力充沛、精神飽滿。

# 附錄B　關於前世回溯的常見問題

接下來是幾個與前世回溯和我的催眠療程有關的常見問題。

**問：我會不會被困在前世裡回不來？**

答：在聽完催眠回溯如何進行之後，人們經常問我有沒有可能被困在前世裡回不來。我向他們保證他們絕對安全。前世回溯就像重新體驗一段回憶，可能是童年的某個時刻，或是哪天晚上吃了什麼晚餐。當你把注意力集中在一個特定時刻，就會想起組成那一刻的畫面、想法、感覺與細節。正如你不會被困在記憶裡，你也不會被困在前世。

**問：萬一經歷可怕的前世怎麼辦？**

答：人們常問：「萬一我經歷可怕的前世，結果反而讓現況變得更糟怎麼辦？」我向客戶保證，前世回溯絕對不像看恐怖電影那樣，毫無來由地嚇死你不是前世回溯的目的！前世回溯的意圖是療癒，是揭露對你最高善利益最有助益的事。就算你感受到強烈情緒，你也不會感到害怕。舉例來說，有些人聽到我的前世是脖子上帶著金屬項圈的奴隸時，心裡可能會覺得不舒服。你或許希望你不用體驗那樣的恐懼。但是對我來說，那一世人生一點也不可怕。我感受到強烈的情緒：悲傷、憤怒、淚如雨下，但這些都具有淨化和療癒的功能。那些充滿挑戰的人生都是你的人生。它們是你能量振動的一部分。重新經歷前世不會讓你感到陌生或不安，因爲它們屬於你。在你的潛意識裡，你對它們十分熟悉；你跟它們之間早已連結。

我也想向你保證，你的高我、靈魂與指導靈都在看顧著你，它們不會讓你體驗你無法承受的人世。以我小時候第一次回溯的前世爲例，也就是俄國間諜的故事。我成年後重新經歷那一世人生，看見了第一次沒有出現的細節。那些細節非常痛苦，足以影響一個小女孩的心靈。但是我受到引導與保護；我被給予的體驗在我能承受的範圍之內。我會告訴客戶他們是受到引導與保護的，請他們信任：信任他們自己與源頭。

**問：我會被催眠嗎？**

答：這個問題跟害怕失去掌控權有關，也就是害怕透過心智操控被迫做出有違意願的事。回溯確實是使用催眠，但這跟一般人對催眠的認知截然不同。許多人看過「催眠」被當成舞台表演，目的是爲了娛樂。舞台催眠的基礎是一種心照不宣的契約，當觀眾自願上台接受催眠時，就等於接受了契約。催眠師預期自己的指令會被接受和遵守，而選擇當催眠秀白老鼠的觀眾則同意會遵守指令。這一點非常重要，因爲除非你同意，否則你不可能被控制。

我向客戶保證他們將在療程中握有完整的掌控權。只要他們感到不舒服或太過激動，隨時都能張開眼睛，坐起身，走開。如果眞出現這樣的衝動，我會希望客戶繼續留在那個催眠狀態，告訴我他的感受與想法，讓我能扮演更好的引導角色。但是選擇的權利在他們手上。在回溯的過程中，每個人都有完整的掌控權。

催眠開始於感覺安全，並讓自己放鬆，把注意力集中在心裡出現的畫面與情緒。實際上，這只不過是腦波狀態的改變：一種深層放鬆與創造力的狀態。這些都是人類典型的腦波狀態，因此多數客戶甚至沒有覺察到自己被「催眠」。讓我說明一下它的原理。

處於正常的清醒意識時，大腦會呈現貝塔波。隨著你漸漸放鬆，大腦會從貝塔波狀態變成阿爾法波狀態。在我的引導下，我的客戶會放鬆得更深層，從阿爾法波狀態變成西塔波狀態。西塔波狀態是保有覺察卻昏昏欲睡的狀態。每個人都體驗過西塔波，就是每天晚上入睡前跟隔天早上醒來前。西塔波狀態介於意識與無意識之間，也是獲得深層的學習、療癒與成長的狀態。

不過，有些客戶的大腦不會進入西塔波狀態，而是從阿爾法波進入伽瑪波，頻率遠高於貝塔波。在這個狀態下感知與意識都會增強，你會體驗到合一、一種至福的感覺，以及對存在本質的內在領悟。

在回溯療程中，我的引導會使客戶處於西塔波或伽瑪波狀態，以便進行威力十足的回溯。這是身心都非常熟悉的腦波狀態；身體與心智都覺得自然而輕鬆。由於這些是熟悉的狀態，也因爲大腦可以在這些狀態之間順暢切換，所以人們以爲什麼事也沒發生，也不知道自己已被催眠。

另一個人們不知道自己受到催眠的原因，是他們以爲催眠意味著失去意識。有很多人相信前世回溯的時候，他們不應該保持有意識的覺察。他們想像我的催眠是針對無意識的部分，所以他們醒來時不會對發生的事有任何記憶。老實說，這種情況確實發生過，但是非常罕見。多數客戶的意識心智從頭到尾都參與整個過程。他們知道自己躺在沙發上，也知道我就坐在旁邊的椅子上。於此同時，他們允許各式各樣的經驗進入腦海，並且向我描述。

我相信人們在催眠回溯的過程中保有意識，有一個非常好的原因。時代改變了。幾個世紀前嚴格的宗教信念對人類生活的影響程度跟現在不一樣了。愈來愈多人對自己跟神的連結感到自在，也對自己直接受到神聖指引的能力感到自在。因爲宗教約束對我們的限制力沒那麼強了，所以我們相信自己也能直接連結並且感受源頭和我們的神性。因此，我們的一部分沒必要對其他部分隱藏我們對自己的領悟。我們不但可以應付這樣的學習，也能有意識地尋求那樣的領悟。我們追求自己的開悟。我們消化資訊，採取行動讓自己變得更完整並整合自我的每一個部分。心智並不需要壓抑它所重新體驗到的前世經驗。心智變成回溯過程的一部分。心智見證了一切之後，就能處理所有資訊，並且找到最有利的方式來應用這些資訊。

不過，也因爲客戶全程保有意識，所以心智很容易在判斷之後停止體驗回溯。他們有完整的掌控權，他們隨時可以說：「這沒道理」或是「這跟歷史書裡描述過的這個時代不一樣。」

因此，我會請客戶暫停批判，只要允許浮現的畫面讓心智感到有趣和好玩。催眠結束之後，他們有充份的時間可以分析與詮釋自己看到的畫面。

**問：如何連結前世？**

答：回答完客戶所有的問題之後，我們開始進行催眠。催眠程序非常簡單而溫和。我會請客戶躺下，讓自己在最舒服的姿勢。我引導他們進入深層的放鬆狀態。客戶閉上眼睛、注意力轉向內在，這麼做可以自然地減少五感輸入的資訊：視覺、嗅覺、觸覺、味覺與聽覺。放鬆身體之後，他們才能專注於內在，排除其他資訊。

之前提過的腦波狀態改變會讓意識與覺察擴展，所以我們才能切入其他世的頻道。其他世所提供的資訊、指引和療癒一直都在，隨時供我們連結。在我的引導下，客戶的意識與其他世的意識融合在一起。

我的客戶能夠直覺地認出自己是誰，然後畫面、聲音、氣味就會開始湧現。我會請客戶信任最初出現的印象、想法與感覺。我也請他們不要判斷，就算覺得不合理。一切都是神性的精心安排。故事的全貌一定會出現，等催眠結束後再去深思。

**問：那些畫面是不是我想像出來的？**

答：人們常問：「說不定其他世人生都是我想像出來的？」我的答案是：那也沒有問題。想像往往是帶引我們通往前世故事的橋樑。

我有一個客戶叫黛比，最近我爲她進行回溯。在我引導她放鬆後，我問她感覺到、看到或體驗到什麼？

「什麼也沒有。」她說。

「如果是發揮想像力的話，你會想像什麼？」我問。

「一座洞穴。」多麼有趣的選擇！如果有人問你我同樣的問題，我們不太可能會想像一座洞穴。

「如果要你想像其他東西，那會是什麼？」我問黛比。「洞穴裡有人。」她說。愈來愈有趣了！你或許以爲她描述的是尼安德塔人，其實不是，她描述的是一個美洲原住民部落。他們在洞穴裡躲避風暴。描述這段過程的時候，黛比變得相當激動。她瘋狂地在人群中尋找兒子，可是兒子不在這裡。她知道兒子還在外面，她很擔心會失去他。

這一世人生開始於想像，然後迅速變成對黛比來說非常私人且充滿意義的回溯。她來找我的時候，正在考慮跟丈夫離婚；但是她有種非理性的強烈恐懼，她擔心會失去年幼兒子的監護權。當她允許自己發揮想像力的那一刻，她開啓了所謂與前世的連結。她知道看似非理性的恐懼其實是源自平行人生。

想像並不代表連結到不眞實的事情。在靈魂的界域，過去、現在與未來同時存在。

曾經存在與即將存在的一切都同時存在於「此時此刻」。你我無法想像不存在的東西。就算你嘗試想像，也只能想到「不存在」的具體表象。通常我想像的「不存在」是一個黑色的空洞，一道牆把它跟存在的萬物隔開。而這個畫面本身就是存在。因此，我們只想像得到早就以某種形式存在的東西，無論是在哪一個存在次元。想像只能連結可存取的資訊。

想像是心理治療經常使用的方法。卡爾．榮格（Carl Jung）與許多心理學家以理論說明幻想的畫面可能源自深層的情緒創傷與尚未解決的過往衝突。心理治療師經常利用想像幫助客戶處理壓抑的負面情緒，尋找解決挑戰的方法。

如果回溯療程中看見的事情是「想像」出來的，心理學家依然能從中找到有價值的資訊，因爲這些畫面來自當事人的潛意識心智。潛意識知道如何療癒我們。因此，就算催眠回溯中看見的畫面出自想像，依然具有極大的治療價值。

我鼓勵客戶自由發揮想像力，因爲這麼做就是允許能量流動，允許高我引導他們走向對他們最有幫助的一世。開始想像幾分鐘之後，故事總是會變化，**總是**；然後客戶就會切換到強烈生動的情緒與療癒的體驗。因此，最初的想像只是一種工具，它允許客戶讓資訊流入心智。

**問：前世回溯的過程中會發生什麼事？**

答：每一次的催眠回溯都是獨一無二的體驗。每一次的療程都反映出特定的情況與個人需求。有些人會經歷從生到死的完整人生，也就是所謂的「正常」的人生。有些人會經驗到不同的生命形式，例如恐龍、猴子、花朵跟青蛙。有些人的其他世是住在別的星球或太空船上的生命體。另外也有比較神祕的經驗，例如遇到天使或指導靈、看見靈魂的創造過程，或是感受到萬物的初始源頭。

此外，每個人的體驗方式都很不一樣。有些人像看電影一樣鉅細靡遺。碰到這種情況，我都會開玩笑地心想：「我們需要一輩子的時間才能回溯完這一世！」有些人只看見短暫的畫面一閃而過，搭配情緒與故事的整體會意。有些人的回溯過程只有情緒的感受，故事本身透過感覺得知。當然也有些客戶聽見或「觸摸到」東西，然後再轉述給我聽。

換句話說，回溯並沒有「正確」的呈現方式。無論你是跟我一起回溯，或是用錄音進行，我向你保證，無論你經驗到怎樣的回溯過程，你都沒有做錯。

你只要信任，然後允許它發生。

## 問：高我是什麼？

答：當客戶回溯了需要看到的人生之後，他們仍處於深層的出神狀態，這時我會請他們與高我連結。我對高我的定義是更恢宏、更有智慧、付出無條件的愛的靈魂的那部分。對我來說，高我掌握我們最大潛力的樣板。它代表靈魂今生探索的特定主題與目標最完美的呈現。它是靈魂想要達成的最高成就。

每個人都有高我。高我是我們的一部分，它是眞實自我的振動。當我與客戶的高我對話時，客戶連結到高我的頻率、讀取它的清晰領悟。也就是說，客戶**變成**高我的振動。這是回溯療程爲何如此具有轉化的力量和深刻的原因之一。

我透過與客戶高我的對話，得到客戶跟我在療程開始前討論的問題答案。我也會請高我療癒客戶的身體病痛與情緒源頭。就像回溯其他世一樣，連結高我也沒有一種固定方式。每個人的體驗都是獨一無二的。我總是鼓勵人們信任，然後允許高我說想說的一切。從擴展的覺察之中，有些客戶就是會知道答案並且告訴我。有些客戶則感覺被一股能量圍繞，他們從這股能量中汲取答案。也有些客戶說感覺彷彿是有人**透過**他們發聲。每個人獲得高我指引的方式都不一樣。

催眠結束後，我引導客戶離開出神狀態。客戶經常覺得出神狀態只維持了幾分鐘，事實上早已過了幾小時。客戶對時間的感知受到扭曲，原因是他們在如此深層的出神狀態連結到其他的存在次元，因而脫離了這個實相的時間。

**問：回溯治療師在療程中會看見什麼？**

答：每次有客戶走進我的辦公室，我都知道他們一定會有所體驗。但是我不可能知道他們會體驗到什麼！一開始他們會分享自己的人生故事，這時我就像一張空白的畫布。我只是聆聽、問問題、做筆記。透過放下一切批判，努力去理解，我允許了我們的能量融合在一起。在催眠開始後，我的內在會有些不尋常的事發生。我經常能看見畫面和聽到訊息，這都跟客戶正在體驗的情景有關；我也經常能夠在他們轉述看見了什麼畫面之前，就先看到那一世的人生。這讓我成爲更出色的回溯治療師，因爲我並非盲目地引導他們。每次碰到這種情形，我都會記住我們都是一體的：我們都連結同樣的宇宙資訊流。這也讓我明白，在平行的時間軸上，這場催眠療程早已發生，因爲過去與未來並不存在。客戶早已經歷過的經驗在線性時間軸上尚未來到。

這感覺彷彿是我把自己的意識與客戶的意識融合一起，穿越時空。因爲我們都是相同的基礎意識的一部份，所以當我們從單一面向的強烈關聯（也就是身體與人格）向外開展時，我們立刻就變成了那個人／事物。因此，當我感知到客戶的經驗時，我的意識那時候可能正與他們的意識融合入「一」的意識，跟他們一起前往不同的時空。

**問：我想自己試試你的前世回溯指引，請問你還有其他建議嗎？**

答：我還有幾個建議想提出。如果你家裡有養寵物，先把牠們關起來。紓緩的能量會自然而然地吸引寵物，所以隨著你在催眠過程中漸漸放鬆，寵物也會想要參與。不要讓牠們嚇到你而中斷回溯，請把門關上。這樣才能確保不受干擾。

第二個建議是特別注意回溯之後幾天的夢境。人們經常在夢裡與前世連結，尤其是在有意識地尋找超靈同伴之後。臨睡前給自己一個簡單的提示：**明天早上醒來時，我會記得我的夢**。

隔天早上醒來時，先繼續閉著眼睛躺在床上，把夢境複習一遍。愈常做這項練習，就愈容易記住。

我最近接受一個廣播電台訪問，爲了準備訪談，主持人事先聽過我CD裡的回溯引導。回溯才剛開始，就有出乎意料的事嚇到她。她離開畫面，中斷回溯。那天晚上她做了一個夢，她在夢中連結到回溯時看見的畫面，而且這個夢提供非常明確的訊息，爲她的創意工作與人生目標指點了迷津。

我很喜歡這個故事，因爲它證明了只要有意識地接受引導，我們需要的訊息永遠可以找到我們。

# 謝辭

感謝我的人類導師布萊恩・魏斯與朵洛莉絲・侃南：謝謝你們爲我開創此刻的人生道路。我深深敬佩與感激你們劃時代的工作和開拓的新領域。感謝你們喚醒我的眞實自我，傳授我幫助他人轉變和療癒的工具。

感謝我的非人類導師賽斯與巴夏，以及他們的人類夥伴珍・羅伯茲與達若・安卡：你們的能量一直引導著我，你們的話語不斷提醒我記住自己的眞實本質。謝謝你們。

感謝約翰：回想起來，那場令人難忘的催眠是神聖的精心安排。它的意義遠遠超過我們的想像。你我相遇時還不知道那次催眠對我們與這世界如此意義重大。對我來說，當時種下的種子變成我寫這本書的動力。對你來說，它提醒你自己的人生道路與教導人們理解的目標：你在本書中的分享已實現這個目標。我也非常感激你的友誼，謝謝你，約翰。萬分感激你爲我的人生帶來的許多禮物。

我在書中分享了許多客戶的故事，感謝你們：遇見你們、見證你們恢宏的心靈是非常珍貴的經驗。我知道你們的故事將觸動許多讀者的心，就像觸動我的心一樣。謝謝你們幫助我創作這本書，讓我看見源頭透過像你們一樣美好的存在顯化自己。

感謝艾文・凱利（Evan Kelley）：謝謝你讓我回溯了無數次。你對我的熱情所付出的愛與支持造就了現在的我。你總是相信我，甚至在我自己還不明白的時候依然如此。感謝你一路相伴。

感謝韋恩・戴爾博士：謝謝你相信自己的內在指引，允許我和前世回溯進入並轉變你的人生。言語無法表達我對你的愛與支持有多麼感恩。謝謝你相信我和我的工作。在我還不敢夢想寫這本書之前，你就已看出這本書的價值。

感謝夏儂・利楚（Shannon Littrell）：你是全世界最棒的編輯！謝謝你為我做的一切，包括這本書與CD《前世回溯與超越輪迴》。

感謝凱莉・諾塔拉斯（Kelly Notaras）：你的名字跟我的姓發音一模一樣。我的結束，就是你的開始。謝謝你針對書稿提供寶貴與周延的意見，你的意見與我的想法完美融合，創造出這本我相信將會幫助許多人的書。

感謝坦拉・艾德格（Tamra Edgar）：謝謝你的幫助、愛與支持。我們的能量與視野如此契合，我深信我們在其他世人生必定也是合作愉快。

感謝莉莉雅娜・安潔莉娃・帕斯李瓦：能有一位如此了不起的女性當我的母親，我覺得自己很有福氣。你的心靈充滿喜悅又仁慈。你教導我無私與奉獻。你總是對我的一切感到有興趣，包括我的朋友、感情世界、學校與事業選擇、人生中的起起伏伏，還有現在的催眠回溯工作。你一直相信我，鼓勵我要對自己有信心。你一直是我的「相信之眼」，全然支持我的夢想，在我需要的時刻提供智慧的話語。你是最懂得安慰我的人。你知道如何鼓勵我成爲更好的自己，以及如何欣賞自己的優點。你是我最好的朋友、我的靈感來源，也是我心靈道路上的夥伴。親愛的母親，我謹以此書表達對你的感激，感謝你的美好和你爲我所做的一切。

# 出版後記（二〇一九年二月）

催眠先驅朵洛莉絲・侃南所創的量子療癒催眠法（ＱＨＨＴ）是項非常有效的助人工具。ＱＨＨＴ的操作者透過獨特技巧，直接與個案的高我溝通，獲得對個案最具啓發和幫助的資訊。

發覺很有必要聲明，對於體驗或學習朵洛莉絲的量子療癒催眠法有興趣者，請聯繫宇宙花園，service@cosmicgarden.com.tw，以避免自行搜尋到違反朵洛莉絲教導，未以個案福祉爲重或以ＱＨＨＴ之名招搖撞騙者。

宇宙花園爲美國ＱＨＨＴ繁體中文課程之官方代表，透過美國官網平台所學習之線上一階繁中字幕課程，方爲正確及更新版本。凡向美官網 www.qhhtofficial.com 或朵洛莉絲官網報名課程，可輸入優惠代碼：COSMICGARDEN。

信任是一道門
它能引導你的天賦能力創造人生
你信任什麼
就會創造出什麼

宇宙花園 19

超越線性時空的回溯療法——平行實相的啟示與療癒

Beyond Past Lives: What parallel realities can teach us about relationships, healing and transformation

作者：米拉．凱利（Mira Kelley）

譯者：駱香潔

出版：宇宙花園

通訊地址：北市安和路 1 段 11 號 4 樓

e-mail：gardener@cosmicgarden.com.tw

編輯：張志華

版型：黃雅藍

印刷：金東印刷事業有限公司

總經銷：聯合發行股份有限公司　電話：(02)2917-8022

初版一刷：2016 年 3 月 28 日　二刷：2019 年 2 月　定價：NT$ 420 元

ISBN：978-986-91965-1-2



國家圖書館出版品預行編目資料

超越線性時空的回溯療法：平行實相的啓示與療癒 / 米拉．凱利（Mira Kelley）著 ; 駱香潔譯 . -- 初版 . -- 臺北市：宇宙花園 , 2016.03

面；　公分 . --（宇宙花園 ; 19）

譯自 : Beyond Past Lives: What parallel realities can teach us about relationships, healing and transformation

ISBN 978-986-91965-1-2（平裝）

1. 心理治療 2. 催眠療法 3. 輪迴

178.8　　105004451